_____ 님께

_____ 드립니다.

색채로 풀어가는

성격과 갈등

이 도서의 국립중앙도서관 출판예정도서목록(CIP)은 서지정보유통지원시스템 홈페이지
(http://seoji.nl.go.kr)와 국가자료공동목록시스템(http://www.nl.go.kr/kolisnet)에서
이용하실 수 있습니다. (CIP제어번호: CIP2015025381)

김성진 지음

색 채 로 풀 어 가 는

성격과 갈등

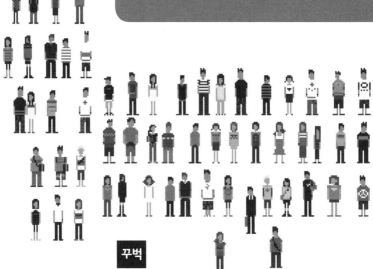

꾸벅

차례

차례

차례

머리말

저자는 결혼하고 나서 고민에 빠졌다. 사랑해서 결혼했는데 왜 싸울까? 사랑하지 않아서 싸우는 것은 분명 아니다. 관심이 있기 때문에 불만이 있을 것이다. 그 불만의 원인을 찾다가 결국은 성격에 대한 이해 부족으로 인하여 고통받는 자신을 발견하였다.

사랑은 서로 다름에 대한 끌림이다. 인간이 서로 비슷한 유전자와 성격에 끌린다면 형제자매와 결혼하고 싶어 할 것이다. 하지만 형제자매에게는 강력한 사랑의 감정이 생기지 않는다. 인간은 자연에서 살아남기 위하여 자신에게 없는 우수한 형질을 가진 이성을 선택하여 더 나은 자식을 낳아야만 했고, 자식 중 부모의 우수한 형질을 많이 받은 자식이 생존에 유리하였다. 이러한 자연선택이 인간이 진화하는 동안 본능으로 남았기 때문이다. 연인은 성격이 반대일 확률이 높다. 연인은 성격이 반대인 상극으로 만나야 사랑의 감정을 느낄 확률이 높다는 것을 알았고, 그것이 사랑에 대한 인간의 본능이라는 사실도 알았다.

사람은 부모의 성격을 반반씩 받는다. 타고난 성격은 부모에게 물려받은 유전자에서 발현되며, 바꾸기 어렵다. 그러므로 성격을 고칠 수 있다는 말은 믿지 않는다. 다만, 잠재된 성격을 개발했다는 말은 믿는다. 성격이 바뀌었다는 말은 잠재된 자신의 성격을 개발하였다는 말로 이해하고 싶다.

사람들 사이에는 크고 작은 갈등이 있다. 갈등은 왜 생겨나는 것일까? 사람이 다 똑같다고 생각한다면 답이 없다. 하지만 사람은 저마다 서로 다른 성격을 가지고 있다. 성격의 차이가 갈등의 원인인 것은 분명하지만, 성격의 차이가 갈등 그 자체는 아니다. 얼마든지 극복할 수 있다.

이 세상 어떤 것이든 서열이 있는 것은 갈등의 원인이 된다. 예를 들어 나이, 직위, 성격, 돈, 인기, 능력 등 순위를 정할 수 있는 것은 모두 갈등의 원인이 된다. 나이와 직위는 서열이 달라도 화해할 수 있다. 나이의 서열과 직위의 서열을 알 수 있으므로 서로를 존중함으로써 나이 적은 상사와 나이 많은 부하가 화해할 수 있다. 그러나 나이와 성격이 관계되는 갈등은 화해하기 어렵다. 이는 나이 서열은 알아도 성격의 서열은 알기 어렵기 때문이며 이로 인해 일어나는 갈등은 설명하기도 화해하기도 어렵다.

성격의 종류와 서열만 안다면 인간관계에서 일어나는 갈등을 설명할 수 있다. 나이, 직위, 돈, 인기, 능력과 관계된 서열은 어렵지 않게 알 수 있기 때문이다.

사람들은 사람이기에 다 똑같다는 생각을 많이 하고 있다. 인간의 성격이 서로 다르다는 생각과 사람은 다 똑같다는 생각 사이에서 갈등을 겪고 있는 것처럼 느껴진다. 서로 다른 성격을 타고났다는 사실만 이해하면 갈등의 원인도 알 수 있고 화해하는 방법도 있다. 갈등에 대한 화해를 권하고 싶지만, 사람들은 저마다 성격이 다르다는 것을 잘 인정하지 않는다.

관상은 유전자지표다. 관상을 보고 좋아하는 색을 어느 정도 맞힐 수 있다. 사람들은 관상을 보고 좋아하는 색을 맞히는 것에 약간은 흥미롭게 생각한다. 사람들은 관상을 보고 좋아하는 색을 맞히고 자신의 성격을 설명하는 데에만 신기해할 뿐 갈등관계를 설명할 기회를 주지 않는 경우가 많았다. 하지만 좋아하는 색과 성격을 맞히는 것보다 더 중요한 것이 있다. 좋아하는 색에는 적성과 성격이 있고 서로 다른 적성과 성격으로 인한 인간관계의 갈등을 설명할 수 있다는 것이다. 관상이 외모에 나타나는 유전자지표라면 좋아하는 색은 내면에 나타나는 유전자지표라고 생각하면 좋을 것이다.

  이 책이 성격 차이로 갈등을 겪고 있는 분들에게 도움이 되었으면 한다. 이 책을 다 읽고 나면 성격의 종류와 서열을 이해할 수 있을 것이고 갈등의 원인과 화해의 방법도 어느 정도 이해할 수 있을 것이다. 하지만 화해는 여러분의 몫이라는 거 잊으시면 안 되겠다.

PART 1

성격의 의미

　파충류, 포유류, 인간의 공통점은 모두 같은 조상에서 진화하였다는 사실이고, 포유류와 인간이 파충류와 다른 점은 포유류는 감정이 있다는 것이며, 인간은 감정과 이성이 있다는 것이다. 이는 성격이 다르다는 의미로도 해석된다. 성격은 적성, 특기, 습관, 여가활동, 관심, 관상이 달라 다른 사람과 구별할 수 있는 특징이다.

성격의 분류

뇌구조와 좋아하는 색

인간의 뇌 구조는 3층으로 되어 있다. 인간의 뇌 3층 구조 중에서 상대적으로 발달한 층이 있으며, 어느 부위가 발달했느냐에 따라 성격이 달라지고 좋아하는 색이 달라진다. 하나의 부위가 발달한 사람보다 둘 이상의 부위가 발달한 사람이 더 뛰어나다는 말은 아니며 중심이 한곳에 있는가 아니면 둘 이상에 있는가를 설명하는 것이고, 절대적인 것이 아니고 상대적인 것이다.

> 1층은 생명의 뇌(파충류의 뇌)
>
> 2층은 감정의 뇌(포유류의 뇌)
>
> 3층은 이성의 뇌(인간의 뇌)

- 생명의 뇌가 발달한 사람은 노란색을 좋아한다.

- 감정의 뇌가 발달한 사람은 빨간색을 좋아한다.

- 이성의 뇌가 발달한 사람은 파란색을 좋아한다.

- 감정의 뇌와 이성의 뇌가 발달한 사람은 보라색을 좋아한다.

- 이성의 뇌와 생명의 뇌가 발달한 사람은 녹색을 좋아한다.

- 생명의 뇌와 감정의 뇌가 발달한 사람은 주황색을 좋아한다.

- 생명의 뇌와 감정의 뇌와 이성의 뇌가 골고루 발달한 사람은 검은색과 흰색을 좋아한다.

생명의 뇌가 발달하는 시기의 어린아이는 신체의 발달이

왕성한 시기로 신체를 잘 통제하지 못하고, 노란색에 반응한다. 이는 유치원생의 원복이 노란색이 많은 이유이기도 하다. 초등학교 4학년쯤 되면 민첩성이 발달하면서 생명의 뇌는 어느 정도 완성된다. 감정의 뇌가 발달하는 사춘기는 감정의 발달이 왕성한 시기로 감정을 잘 조절하지 못한다. 쉽게 사랑에 빠지고 방황한다. 그리고 이성의 뇌가 발달하는 시기에는 철학, 이념, 종교에 대한 관심이 높아진다. 뇌의 발달과 성격이 완성되는 성인이 되면 자신이 좋아하는 색이 결정된다.

많은 사람들이 있지만 성격은 다르다. 이는 인간의 유전자 23쌍이 서로 다르기 때문이다. 같은 부모에게서 태어난 자식들은 성격이 비슷하지만 똑같지는 않다. 쌍을 이루고 있는 상동염색체라 하더라도 하나는 아빠에게 받은 것이고 하나는 엄마에게 받은 것이라 모양은 비슷하지만, 좌우의 유전인자가 다르다. 혈액형으로 성격을 구분하려는 시도가 있지만, 성격의 구분이 잘되지 않는다. 혈액형은 하나의 유전인자에 예속되어 있기 때문이다. 그렇다면 유전자 전체에 예속된 성격의 지표는 무엇일까? 좋아하는 색은 유전자 전체에 예속되어 있다. 좋아하는 색에는 성격과 적성이 있으며, 유전자 지표로 이해하면 성격을 분류할 수 있다.

중용에 의한 성격의 분류

한쪽에 치우쳐 있다는 것은 한 분야에 적성이 있다는 말로도 이해할 수 있고, 뇌의 발달 부위와 좋아하는 색으로 설명할 수도 있다.

지(知)에 치우쳐 있는 사람은 이성의 뇌가 발달한 사람이고, 파란색을 좋아한다.

인(仁)에 치우쳐 있는 사람은 감정의 뇌가 발달한 사람이고, 빨간색을 좋아한다.

용(勇)에 치우쳐 있는 사람은 생명의 뇌가 발달한 사람이고, 노란색을 좋아한다.

지(知)와 인(仁)에 치우쳐 있는 사람은 이성의 뇌와 감정의 뇌가 발달한 사람이고, 보라색을 좋아한다.

인(仁)과 용(勇)에 치우쳐 있는 사람은 감정의 뇌와 생명의 뇌가 발달한 사람이고, 주황색을 좋아한다.

용(勇)과 지(知)에 치우쳐 있는 사람은 생명의 뇌와 이성의 뇌가 발달한 사람이고, 녹색을 좋아한다.

중용에 다음과 같은 내용이 있다.

> 子曰 - 「天下國家均也, 爵祿可辭也, 白刃可蹈也, 中庸不可能也」
> 공자께서 말씀하셨다. : "천하국가는 고르게 할 수 있다. 작록도 사양할 수 있다. 서슬 퍼런 칼날도 밟을 수 있다. 그렇더라도 중용은 불가능하다."
> 이 세 가지는 또한 知, 仁, 勇의 일이다. 이 세 가지는 각기 천하의 지극히 어려운 것이긴 하지만, 모두 한 측면에 치우쳐 있는 것이기 때문에 자질을 이에 가깝게 해서 힘을 쓰는 자는 모두 충분히 달성해 낼 수 있다. 하지만 중용에 이르러서는 비록 쉽게 할 수 있는 것 같지만 義가 정미롭고 仁이 익숙하게 되어서 한 터럭의 인욕의 사사로움이라도 없지 않으면 거기에 미칠 수가 없는 것이다. 지, 인, 용 세 가지는 어려운 것 같지만 쉬운 것이고 중용은 쉽게 보이지만 사실은 어려운 것이다. 이 때문에 사람들 중에는 중용에 능한 이가 적은 것이다.
>
> -출처 檮杌先生中庸講義 上 제9장

중용(中庸)에 능한 사람은 생명의 뇌와 감정의 뇌와 이성의 뇌가 골고루 발달한 사람이고, 검은색과 하얀색을 좋아하는 사람이다.

금강경에 의한 성격의 분류

금강경에 다음과 같은 내용이 있다.

過去心不可得, 現在心不可得 未來心不可得
과거의 마음도 얻을 수 없고, 현재의 마음도 얻을 수 없고, 미래의 마음도 얻을 수 없다.

-출처 금강경

사람에 따라 과거, 현재, 미래에 대한 관심이 다른 것을 성격이 다르다는 의미로 이해할 수 있고. 뇌의 발달 부위와 좋아하는 색으로도 설명할 수 있다.

미래에 관심이 많은 사람은 이성의 뇌가 발달하였고, 파란색을 좋아하는 사람이다.

과거에 관심이 많은 사람은 감정의 뇌가 발달하였고, 빨간색을 좋아하는 사람이다.

현재에 관심이 많은 사람은 생명의 뇌가 발달하였고, 노란색을 좋아하는 사람이다.

과거와 미래에 관심이 많은 사람은 감정의 뇌와 이성의 뇌가 발달하였고, 보라색을 좋아하는 사람이다.

과거와 현재에 관심이 많은 사람은 감정의 뇌와 생명의 뇌가 발달하였고, 주황색을 좋아하는 사람이다.

현재와 미래에 관심이 많은 사람은 생명의 뇌와 이성의 뇌가 발달하였고, 녹색을 좋아하는 사람이다.

과거와 현재와 미래에 관심을 고루 가진 사람은 이성의 뇌와 감정의 뇌와 생명의 뇌가 골고루 발달한 검은색과 하얀색을 좋아하는 사람이다.

에니어그램에 의한 성격의 분류

에니어그램에서는 머리형, 가슴형, 장형으로 성격을 분류하였다. 머리형, 가슴형, 장형은 성격이 다르다는 의미로 이해할 수 있고, 뇌의 발달 부위와 좋아하는 색으로도 설명할 수 있다.

머리형의 성격을 가진 사람은 이성의 뇌가 발달한 파란색을 좋아하는 사람이다.

가슴형의 성격을 가진 사람은 감정의 뇌가 발달한 빨간색을 좋아하는 사람이다.

장형의 성격을 가진 사람은 생명의 뇌가 발달한 노란색을 좋아하는 사람이다.

가슴형과 머리형의 중간 성격을 가진 사람은 감정의 뇌와 이성의 뇌가 발달한 보라색을 좋아하는 사람이다.

가슴형과 장형의 중간 성격을 가진 사람은 감정의 뇌와 생명의 뇌가 발달한 주황색을 좋아하는 사람이다.

장형과 머리형의 중간 성격을 가진 사람은 생명의 뇌와 이성의 뇌가 발달한 녹색을 좋아하는 사람이다.

머리형과 가슴형과 장형의 성격을 고루 가진 사람은 이성의 뇌와 감정의 뇌와 생명의 뇌가 골고루 발달한 검은색과 하얀색을 좋아하는 사람이다.

관상에 의한 성격의 분류

관상에서는 목형, 화형, 토형, 금형, 수형 5가지를 이야기한다. 관상의 형과 좋아하는 색은 연관이 있다.

관상에서 목형은 파란색을 좋아하고, 화형은 빨간색을 좋아하고, 토형은 보라색을 좋아하고, 금형은 노란색이나 녹색을 좋아하고, 수형은 검은색이나 하얀색을 좋아한다.

관상의 형과 좋아하는 색이 일치한다면 좋은 유전자를 가진 사람으로 생각할 수 있다. 관상과 성격이 일치하여 심신의 기운이 일치하기 때문이다.

군인상인 금형이 학자의 성격을 가지고 있다면 학자로 성공하기도 부족하고, 군인으로 성공하기도 부족하다.

학자상인 목형이 금형의 마음을 가지고 있어도 성공하기

어려운 것은 마찬가지다.

사람들은 저마다 관상을 본다. 유전자 지표이기 때문이다. 사람들이 사물이나 동식물을 분류할 때 형상을 보고 분류 하는 것처럼 사람도 관상을 보고 분류하는 것이다. 우리가 만남에서 제일 중요하게 생각하는 첫인상은 관상이다.

그 밖의 성격 분류

카스트제도에서는 성직자, 귀족, 상인 등으로 분류하였고, 사상의학이나 팔 체질의학에서는 장기의 특징에 따라 체질 과 성격을 분류하였다. 그러나 이와 같은 분류 방법으로는 성격을 잘 분류할 수 없었고, 같은 조직에 존재하는 갈등구 조를 설명하는 데 어려움이 있었다.

7가지 성격

　좋아하는 색은 뇌의 발달 부위와 관련된 유전자 지표이고, 좋아하는 색으로 성격과 적성을 분류할 수 있다는 사실을 알았다. 그런데 뇌의 3층 구조에서 생명의 뇌와 감정의 뇌는 이성의 뇌와는 상대적으로 분리가 잘 안 된다는 것을 발견하였다. 색상환에서 빨간색과 노란색의 간격이 좁다는 것이 그 증거이다. 파란색과 빨간색 간격만큼 빨간색과 노란색의 사이가 넓지 않은 것이다. 주황색은 보라색이나 녹색처럼 색상환의 중심 색이 될 수 없다는 것을 발견하였고, 이것은 성격 분류에 조정이 필요하다는 것을 알려주었다.

　성격 분류의 기초가 되는 중심 색은 먼저 빛의 삼원색인 빨강, 녹색, 파랑과 물체 색의 삼원색인 빨강, 노랑, 파랑의 교집합을 구하면 빨강, 녹색, 파랑, 노랑이 된다. 4가지 중심 색을 먼셀의 10 색상환에 표시를 하면 파란색과 빨간색의 간격이 빨강과 노랑, 노랑과 녹색, 녹색과 파랑 간격의 두 배인 것을 알 수 있고 간격이 큰 파랑과 빨강의 중간에 보라색이 있음을 발견할 수 있다. 빨강, 노랑, 녹색, 파랑, 보라색을 중심으로 좋아하는 색이 비슷한 사람들의 성격과 적성에 공통점이 있다는 사실도 발견할 수 있었다. 좋아하는 색에 따른 성격의 분류는 파란색, 보라색, 빨간색, 노란색, 녹색, 검정, 흰색으로 분류하는 것이 합리적이라는 사실도 알았다.

성격과 적성이 다르면 좋아하는 색이 다르고, 좋아하는 색이 같으면 성격과 적성이 닮는다. 좋아하는 색은 먼셀의 색상환의 중심 색인 파란색, 보라색, 빨간색, 노란색, 녹색과 흰색, 검은색 7가지를 선택하고, 좋아하는 색이 같은 사람들의 공통점을 정리하여 설명하면 다음과 같다.

흰색

이상이 높은 철학자의 모습이다. 상냥한 말씨를 지녔다. 이상이 높고 보수적이지만 욕심이 없어 잘 베푼다. 자신이 완벽하다고 생각하여 남의 말을 경청하지만 자신의 생각에는 변함이 없고 노력하지 않는다. 남의 고민이나 갈등에 대한 이해력이 높다. 세상일에 적극적이지 않고 무심한 편이다. 얼굴에 밝은 기운이 있다. 과거와 현재, 미래에 대한 관심이 비슷하다. 얼굴형은 둥근형이 많다.

수형(검은색, 하얀색)

검은색

머리가 좋은 천재의 모습이다. 보수적이고 감정 조절이 자연스럽지 못하여 말투가 부드럽지 않고 약간은 퉁명스럽다. 욕심이 많은 편이다. 처세에 관하여 균형 감각이 있고 남의 고민을 잘 헤아린다. 자신이 완벽하다고 생각하기 때문에 남의 의견을 잘 듣지 않고 노력하지 않는다. 얼굴에 검은 기운이 있다. 과거와 현재, 미래에 대한 관심이 비슷하다. 얼굴형은 둥근형이 많다.

파란색

생각을 많이 하고 언행을 신중하게 하는 학자의 모습이다. 기억력이 좋다. 생각하는 속도는 빠르지만 행동하는 것에는 신중하다. 가볍고 즉흥적이며 감성적으로 말하는 것을 싫어한다. 업무를 수행할 때는 계획이 좋아야 실적을 낼 수 있다고 생각한다. 생각을 많이 하므로 제일 좋은 휴식은 수면이고 잠이 보약이라고 생각한다. 학생의 경우 밤잠을 설치면 시험을 망치는 경향이 있다. 사람 많은 곳과 타인과 피부 접촉을 싫어하고, 운동을 싫어한다. 미래에 관심이 많다. 물건에 욕심이 없어 꼭 필요한 것만 구입하는 경우가 많다. 얼굴형은 이마가 턱보다 넓어 보이는 형으로 키가 크고 약간 마른 몸을 가지고 있다. 별명이 애어른이다. 고지식하고 고

목형(파란색)

집이 세다. 다른 사람의 의견에 따르기 보다는 자기 주장을 많이 한다. 변명이 많다. 자신의 의견을 관철시키기 위하여 다른 의견에 대하여 변명한다. 말 바꾸기와 거짓말 등 감정 적인 의견에 약하다. 의미 있는 선물을 좋아한다.

보라색

섬세하고 진지한 예술가의 모습이다. 머릿속에서 색을 혼 합할 수 있는 능력이 있고, 예술 감각이 뛰어나다. 기분에 따 라 신중하기도 하고, 거침없기도 하지만 의심이 많다. 자신의 마음을 잘 보여주지 않으며 중요한 순간에는 망설이는 경향 이 있다. 질문에 대한 대답이 한 박자 늦는 경우가 많다. 마 음이 기쁠 때도 슬픈 표정을 지을 수 있고, 슬플 때도 기쁜 표정을 지을 수 있다. 연기력이 최고다. 수면이 최고의 휴식 일 때가 있고, 사람들과 대화하는 것이 휴식일 때가 있다. 이 중적이다. 모험을 좋아하지 않고 안정을 원하기 때문에 무엇 을 하든 기복 없이 꾸준하다. 과거와 미래에 관심이 많다. 상품은 예술적 감성을 느낄 수 있는 것을 구입하는 경우가 많다. 얼굴형은 둥근 사각형으로 키가 크고 약간 살집이 있는 체형이 많다. 별명이 4차원이다. 거짓말에 관대하다. 의심이 많지만 표현하는 경우는 드물다. 비밀이 많고 정보수집 능력이 뛰어나다. 불리할 경우 말을 하지 않고 시간을 끌며 생각

토형(보라색)

한다. 자신의 의견을 관철시키기 위하여 지인들을 동원한다. 물리적인 공격에 약하다. 선물은 예술품을 좋아한다.

빨간색

가볍고 순수한 예술가의 모습이다. 열정이 있어 말과 행동에 거침이 없다. 사교적인 성격으로 사람들과 쉽게 친해지는 능력이 있다. 생각하는 속도보다 말과 행동의 속도가 더 빠르다. 질문에 대한 대답이 한 박자 빠르다. 모르는 것도 아는 척하는 경우가 있다. 생각 없이 말하고 행동하는 경우가 있고 충분히 생각하지 못한 언행을 후회하는 경우가 많다. "아니", "그게 아니라" 같은 단어를 많이 사용한다. 타인과 피부 접촉이 자연스럽다. 사람들을 만나 대화하는 것이 휴식이다. 과거에 관심이 많다. 상품은 예쁜 것을 구입하는 경우가 많다. 몸은 근육질이고 얼굴형은 촛불의 불꽃 같은 계란형이 많다. 별명이 강아지다. 사교적이고 친화력이 있다. 말 바꾸기를 잘한다. 다소 중심이 없는 것처럼 보인다. 자신의 말실수

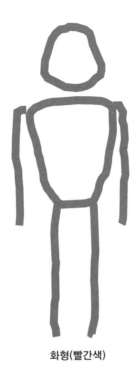

화형(빨간색)

를 만회하기 위하여 변명하지만 자가당착에 빠지는 경우가
있다. 자신의 의견을 관철시키기 위하여 가능성이 있다면 이
사람 저 사람 모두 찾아간다. 치밀하고 논리적인 반박에 약
하다. 선물은 최근에 유행하는 예쁜 선물을 좋아한다.

노란색

전쟁터에 나가는 당당한 군인의 모습이다. 운동신경이 발달하여 강인한 체력을 보유하고 있고 운동을 좋아한다. 생각하는 속도와 말과 행동의 속도가 같아서 신속 정확한 상황 판단 능력과 의사결정 능력이 돋보인다. 후배들을 잘 챙

금형(노란색)

기지만, 자신과 다른 의견을 가진 후배에게는 엄격하다. 좋아하는 귀금속은 금이다. 어린아이 같은 동심이 있고 몸 개그를 잘하며 재미있다. 낮잠을 좋아하지 않으며 운동을 좋아하며 특히, 축구를 좋아한다. 도박은 싫어하지만 음주가무는 즐긴다. 먹을 것과 마실 것이 있으면 걱정이 없다. 현재에 관심이 많다. 상품은 최고급에 관심이 많다. 학생의 경우 최고급의 옷이나 신발을 사주지 않으면 등교를 거부할 수 있다. 짝퉁을 선물 받으면 분노한다. 얼굴형은 이마는 계란형이고 턱에 약간 각이 있는 형이 많다. 별명이 호랑이다. 돈에 대하여 신중하다. 다른 사람에게 할 말이 있으면 그 사람을 불러 놓고 한 번 더 생각한다. 기다릴 줄 아는 여유가 있다. 자신의 의견을 관철시키기 위하여 사람들의 이견에 논리적이지 않은 이유라도 붙여서 자기 의견을 설득시키려고 한다. 나중에 잘못되더라도 상관없다. 자신이 생각하지 못한 새로운 생각에 약하다. 선물은 명품을 좋아한다.

녹색

녹색을 좋아하는 사람은 공격을 받으면 전투력이 급상승하는 다소 소극적인 군인의 모습이다. 바른 생활을 지향하며 거짓말과 약속을 지키지 않는 것을 매우 싫어한다. 논리적이고 관찰력이 좋다. 솔직하다. 컨디션에 기복이 있어 업

금형(녹색)

무수행을 할 경우 잘할 때는 아주 잘하고, 못할 때는 망치고 만다. 밀당을 잘하지 못하고 연인에 대한 관심이 지속적이지 않고 지나고 나서 후회를 하는 경향이 있어 연애에 소질이 없다. 조용한 것을 좋아하지만 음주가무도 즐긴다. 현재와 미래에 관심이 많다. 상품은 가격에 비하여 품질이 좋은 것을 구매하는 경우가 많다. 얼굴형은 이마와 턱에 각이 있는 사각형이 많다. 별명이 모범시민이다. 거짓말을 처벌한다. 인내력이 조금 부족하다. 컨디션이 좋을 때는 생각의 속도와 언행의 속도가 일치하지만 컨디션이 나쁠 때는 생각을 많이 하며 과로하는 경향이 있다. 자신의 의견을 관철시키기 위하여 설명을 많이 한다. 설명하지 않은 부분을 지적하거나 대답하지 않고 시간을 끄는 침묵에 약하다. 선물은 품질 좋고 가격이 비싸지 않은 동급 최강을 좋아한다.

좋아하는 색을 잘 모르는 사람

자신이 좋아하는 색을 잘 모르는 사람이 있다. 좋아하는 색으로 분류한 성격을 보고 좋아하는 색을 알 수 있지만 잘 맞지 않는 사람들이 있다. 관상으로나 성격으로나 좋아하는 색을 빨간색인지, 파란색인지, 노란색인지, 보라색인지 분명하게 알 수 있는데 자신은 다른 색을 좋아한다고 말하는 사람이 있다. 자신의 정체성을 숨기고 싶어하는 보라색을 좋아하는 사람이거나 살아오면서 받은 스트레스로 인하여 자신이 좋아하는 색을 혼동하는 경우일 확률이 높다.

"빨간색과 파란색을 좋아하지만, 보라색을 좋아하지는 않는다."라고 생각하는 사람이 있다면 보라색을 좋아하는 사람이다. 보라색을 좋아하는 사람은 머릿속에서 색을 혼합할 수 있는 능력이 있으므로 자신이 좋아하는 파란색과 빨간색을 혼합해보면 혼합해서 나온 보라색을 그 전에 좋아했던 파란색이나 빨간색보다 더 좋아할 것이다.

빨간색이 싫은 사람이 있다. 희망이 있었으나, 시작도 못하고 좌절을 겪은 사람은 빨간색을 싫어한다.

파란색이 싫은 사람이 있다. 계획을 완벽하게 세워서 실행에 옮겼으나 실패를 경험한 사람은 파란색을 싫어한다.

10 색상환을 보면 색의 배치와 보색을 이해할 수 있으며, 성격 분류의 기초가 되는 주요색을 이해할 수 있다.

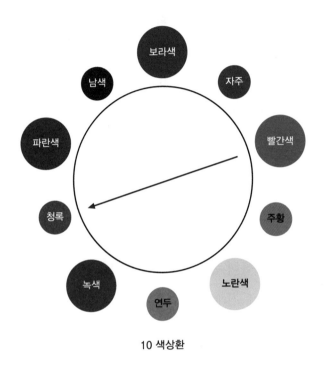

10 색상환

노란색이 싫다면 상대적으로 교육을 받지 못했다고 생각하는 사람이다.

성장 과정에서 스트레스를 강하게 받은 사람은 자신의 정체성을 잃어버릴 수 있고, 정체성을 잃어버린 사람은 자신의 성격과는 관련이 없는 색을 좋아할 수 있다. 빨간색을 좋아하는 성격을 가지고 있으나, 희망이 좌절된 사람은 무슨 색을 좋아할까? 이 사람은 빨간색을 싫어하고 녹색을 좋아할 확률이 높다. 파란색을 좋아하는 성격을 가졌으나, 사업에 실패한 사람은 파란색을 싫어하고 빨간색을 좋아할 확률이 높다. 노란색을 좋아하는 성격을 가진 사람이 교육을 충분히 받지 못했다고 생각한다면, 파란색을 좋아할 확률이 높다. 보라색은 복잡하다. 보라색을 좋아하는 성격을 가지고 있으나, 희망이 좌절되어 사회에 불만이 많은 사람은 파란색을 좋아할 확률이 높고, 보라색을 좋아하는 성격을 가지고 있으나, 사업에 실패한 사람은 빨간색을 좋아할 확률이 높다. 보라색을 좋아하는 성격을 가지고 있으나, 어려운 생활 환경에서 괴로움을 많이 겪은 사람은 노란색이나 녹색을 좋아할 확률이 높다.

자신이 좋아하는 색을 생각해본 적이 없는 사람도 있다. 자신의 성격과 정체성에 관심이 없는 사람이라고 보면 된다.

성격의 서열

능력에 수준 차이가 있다면 성격 서열은 수준 차이에 의해서 결정된다. 능력이 비슷한 수준이면 성격에는 서열이 존재한다. 능력이 비슷한 경우 좋아하는 색이 보라색이면 녹색과 파란색보다 서열이 높지만, 노란색과 빨간색보다 서열이 낮다. 빨간색이면 파란색과 보라색보다 서열이 높지만 노란색과 녹색보다 서열이 낮다. 노란색이면 보라색과 빨간색 보다 서열이 높지만 파란색과 녹색보다 서열이 낮다. 녹색이면 빨간색과 노란색보다 서열이 높지만 보라색과 파란색보다 서열이 낮다. 파란색이면 노란색과 녹색보다 서열이 높지만, 빨간색과 보라색보다 서열이 낮다. 하얀색과 검은색은 상생과 상극관계가 없어 수준차이에 의해서 서열이 정해지지만 흰색과 검은색의 경우 두 번째 좋아하는 색깔로 서열을 정할 수도 있다.

성격 서열이 낮은 사람이 높은 사람을 이기려고 할 경우 갈등이 생기지만 성격 서열이 높은 사람이 낮은 사람을 이기는 경우에는 갈등이 생기지 않는다. 서열을 정할 수 없는 경우가 있다. 서로 보색일 때는 서열을 정할 수 없다. 보색은 전혀 다른 반대의 성격이므로 나쁜 면만 보면 갈등이 있을 수 있지만 서로 다르다는 사실을 인지하고 좋은 면만 보면 서로의 장단점이 반대이므로 상호 보완적인 관계가 될 수 있다.

성격의 상생과 상극관계를 그림으로 그려보면 다음과 같이 성격오색도로 그릴 수 있다.

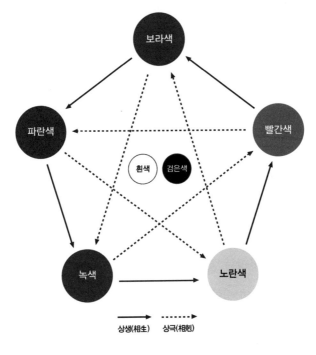

성격오색도(性格五色圖)

성격을 판단하는 방법은 쉽다. 좋아하는 색만 알면 되는
것이다. 사람마다 좋아하는 색이 있으나, 어느 색을 가장 좋
아 하는지 모르는 사람과 좋아하는 색을 생각해 본 적이 없
는 사람을 빼고는 좋아하는 색으로 성격을 알 수 있다. 좋

아하는 색과 성격은 앞에서 이미 설명해 놓았다. 성격의 서열은 성격의 상생, 상극을 참고하여 만든 성격오색도를 이해하면 알 수 있다.

중심 색을 나열하면 파란색 → 보라색 → 빨간색 → 노란색 → 녹색의 순서이다. 파란색은 청(靑), 보라색은 보(保), 빨간색은 홍(紅), 노란색은 황(黃), 녹색은 녹(綠)이라 하겠고, 다섯 가지의 색을 모두 포함하는 색은 흰색과 검은색이라 하겠다. 흰색과 검은색을 좋아하는 사람은 다른 사람의 고민을 잘 헤아리는 쏠림이 없는 성격을 가진 사람이다. 수준이 아주 높으면 성인이 될 수 있다.

오행에서의 상극(相剋)과 상생(相生)은 의미를 그대로 인용하여 성격의 상생, 상극의 관계를 설명하겠다. 좋아하는 색은 성격이며, 성격은 서로 살리는 성격과 이기는 성격의 짝이 있다. 상생의 관계는 청생녹, 보생청, 홍생보, 황생홍, 녹생황이고, 상극의 관계는 청극황, 보극녹, 홍극파, 황극보, 녹극홍이다. 성격은 가위, 바위, 보와 같이 절반은 이기지만 다른 절반에는 진다.

상극과 상생은 서로의 능력이나 수준이 비슷한 경우에만 해당하며, 능력이 더 우수하거나 수준이 높은 경우에는 상극의 색(성격)이라도 이기지 못하는 것이다. 완벽한 성격의 소유자인 성인도 수준이 있으며, 성인도 능력에 따라 서열이 높고 낮음이 있다는 것을 알아야 할 것이다.

상생

하나의 성격이 다른 하나의 성격에 도움을 주고받는 관계이다. 녹색은 파란색에 도움을 주고, 파란색은 보라색에 도움을 주고, 보라색은 빨간색에 도움을 주고, 빨간색은 노란색에 도움을 주고, 노란색은 녹색에 도움을 준다.

파란색은 녹색을 살린다(청생녹)

파란색은 고정관념과 틀에서 쉽게 벗어나지 못하는 녹색이 좀 더 자유로운 생각을 할 수 있도록 이끌어준다. 세상은 변하지 않는 법과 규칙으로만 유지되고 있는 것이 아니며 법과 규칙을 새로운 형태로 바꿀 수 있다는 사실을 알려준다.

보라색은 파란색을 살린다(보생청)

보라색은 허황된 꿈을 꾸며 고집스러운 파란색이 현실감각을 찾을 수 있도록 도와준다. 인간미가 다소 부족한 파란색에 철학과 인정 사이에서 갈등하는 모습을 보여줌으로써 이상과 현실은 다른 것이라는 것을 알려준다.

빨간색은 보라색을 살린다(홍생보)

빨간색은 두 가지 마음을 가지고 있어 망설이는 보라색이 생각을 실행에 옮길 수 있도록 이끌어준다. 철학과 인정 사이에서 갈등하는 보라색에 망설이는 것보다 행동하는 것이 좋을 수도 있다는 것을 알려준다. 자신의 마음을 잘 보여주지 않는 보라색이 좀 더 솔직하고 명랑해지도록 자극을 준다.

노란색은 빨간색을 살린다(황생홍)

노란색은 정열적이지만 쉽게 식는 빨간색이 용기를 잃지

않도록 의리로 지켜준다. 목표와 문제 해결 방법을 찾아 좌충우돌하는 빨간색이 목표와 문제 해결 방법을 찾을 수 있도록 응원하고 인내심을 가지고 기다려준다.

녹색은 노란색을 살린다(녹생황)

녹색은 규칙이나 제도를 벗어나려고 하는 노란색을 규칙이나 제도 안으로 이끌어준다. 아이디어가 많고 자신의 마음 가는 대로 행동하는 노란색이 엉뚱한 방향으로 나아가지 않도록 바른 길을 알려준다.

상극

상극은 하나의 성격이 다른 하나의 성격을 눌러서 이기는 것을 말한다. 파란색은 노란색을 이기고, 보라색은 녹색을 이기고, 빨간색은 파란색을 이기고, 노란색은 보라색을 이기고, 녹색은 빨간색을 이긴다.

파란색은 노란색을 이긴다(청극황)

파란색은 계획을 중요하게 생각하여 고집하므로 하고 싶은 대로 행동하는 노란색의 자유를 통제한다. 생각과 언행의 속도가 같은 노란색은 생각을 많이 하고 진지하게 행동하는 파란색이 답답하다. 파란색은 미래에 관심이 많지만, 노란색은 현재에 관심이 많다. 미래를 이야기하는 파란색의 말에 대하여 생각해보지 않은 노란색은 파란색이 현명하다고 생각한다. 파란색은 기억력이 좋다. 파란색이 함부로 행동했던 노란색의 실수를 질책해도 노란색은 파란색에 변명할 수 없고 힘으로 제압하고 싶지만, 명분이 없다.

보라색은 녹색을 이긴다(보극녹)

보라색은 의사결정에 있어 망설이며 대답을 늦게 하는 경향이 있다. 연기력이 좋아 자신의 마음을 보여주지 않는 보라색이 신속하고 솔직한 의사결정을 하는 녹색을 답답하게 하고 화나게 한다. 타인을 업신여기는 경우가 있는 보라색이 정의의 화신인 녹색의 전투력을 자극하지만 물리력으로 대응할 수 없는 녹색은 답답하기만 하다. 녹색은 약속을 잘 지키지만, 보라색은 잘 지키지 않는다. 보라색은 녹색이 지키지 않은 약속 한 번과 자신이 지키지 않는 약속 다섯 번을 동일하게 설명하지만 녹색은 한 번이라도 약속을 지키지 않은 자신이 원망스러울 뿐이다.

빨간색은 파란색을 이긴다(홍극청)

빨간색의 열정적이고 신속한 행동이 계획을 쉽게 행동으로 옮기지 못하는 파란색을 이긴다. 생각을 많이 하고 행동에 신중한 파란색이 계획을 세우는 동안 빨간색은 거침없이 실행하고 결과를 얻기 때문에 파란색의 계획을 무용지물로 만든다. 파란색은 용기 있는 빨간색이 부럽다. 파란색은 생각해본 적이 없는 것에 위축되지만, 빨간색은 모르는 것도 아는 척할 수 있다. 두서없이 말하는 빨간색의 말을 파란색은 정리하기도 이해하기도 어렵다. 파란색이 한 마디 하면 빨간색은 열 마디 한다. 파란색은 머리가 아파 아무 말도 할 수가 없다.

노란색은 보라색을 이긴다(황극보)

노란색의 패기와 호탕함이 중요한 결정에서 망설이는 보라색을 이긴다. 노란색의 많은 아이디어에 보라색이 고민하는 동안 노란색은 신속한 의사결정으로 실행하고 결과를 얻지만, 보라색의 의사결정은 너무 늦어 노란색에 도움이 되지 않는다. 조용한 성격으로 잘 움직이지 않는 보라색은 강한 체력을 과시하는 노란색이 멋져 보이고 조금은 두렵다.

녹색은 빨간색을 이긴다(녹극홍)

녹색의 정의를 지키려고 하는 일관성이 두서없는 언행을 하고 후회하는 빨간색을 이긴다. 관찰력이 좋은 녹색은 빨간색의 허점을 여지없이 지적하고 빨간색의 생각 없는 언행을 지적한다. 일단 실행하고 보는 빨간색이 시행착오를 겪는 동안 판단과 행동이 비교적 빠르고 논리적인 녹색이 결과를 먼저 얻어 빨간색의 시행착오를 헛수고로 만든다. 녹색은 관찰력과 분석력이 좋아 빨간색이 두서없이 하는 말을 신속하

게 분석하고 논리에 맞지 않는 말을 지적한다. 빨간색의 연

막작전은 녹색에 먹히지 않는다.

성격의 유전과 발달

성격의 유전

사랑은 서로 다름에 대한 끌림이다. 인간이 서로 비슷한 유전자와 성격에 끌린다면 형제자매나 사촌과 결혼하고 싶어 할 것이다. 하지만 형제자매나 사촌에게는 강력한 사랑의 감정이 생기지 않는다. 인간은 자연에서 살아남기 위하여 자신에게 없는 우수한 형질을 가진 이성을 선택하여 더 나은 자식을 낳아야만 했고, 자식들 중 부모의 우수한 형질을 많이 받은 자식이 생존에 유리하였다. 이러한 자연선택이 인간이 진화하는 동안 본능으로 남은 것이다. 서로 좋아하는 이성이 같은 색을 좋아하는 사람들은 많지 않다. 친구와 연인의 차이점을 들라면 주저하지 않고 좋아하는 색이 다르다는 것이라고 할 것이다. 좋아하는 색이 같으면 친근감이 있어 친구로는 적합하지만, 부부의 궁합으로 좋다고 할 수 없다. 중매의 경우도 같은 색을 좋아하는 부부는 많지 않다. 부부는 각자가 장점이 많은 서로 다른 유전자를 많이 가지고 있어야 한다. 부부의 좋은 유전자를 많이 받은 자식이 생존에 유리하기 때문이다.

부모 성격은 평균 50% 자식에게 유전되지만, 자식의 성격은 부모의 성격과는 다른 성격으로 인식해야 한다. 부모의 성격과 다른 성격으로 나타나기 때문이다. 자식이 좋아하게 될 색은 먼셀의 색상환에서 색의 배치와 같다. 예를 들면 아빠가 빨간색을 좋아하고, 엄마가 파란색을 좋아하면, 자식은 보라색을 좋아할 확률이 높고, 아빠가 노란색을 좋아하고, 엄마가 보라색을 좋아하면, 자식은 빨간색을 좋아할 확률이 높으며, 빨간색과 녹색의 부모 사이에서는 노란색을 좋아하는 아이가 태어날 확률이 높은 것을 설명할 수 있다. 자식이 좋아하게 될 색은 먼셀의 색상환에서 부모가 좋아하는 두 개의 색의 사이가 좁은 쪽의 중간이다. 색의 간격이 너무 좁으면 자식이 좋아하게 될 색의 범위도 좁아진다.

부모와 자식이 좋아하는 색의 상관관계를 표로 그려보면, 자식이 좋아하는 색이 여러 가지로 나올 수 있으나, 다음과 같이 나올 확률이 높다.

모(부) \ 부(모)	파란색	보라색	빨간색	노란색	녹색
파란색	파란색	남색	보라색	녹색	청록색
보라색	남색	보라색	자주색	빨간색	파란색
빨간색	보라색	자주색	빨간색	주황색	노란색
노란색	녹색	빨간색	주황색	노란색	연두색
녹색	청록색	파란색	노란색	연두색	녹색

부모의 궁합이 좋고 부모의 유전자를 잘 받은 자식은 흰색이나 검은색을 좋아한다. 부모가 좋아하는 색이 정반대의 보색일 경우 자식이 흰색이나 검은색을 좋아할 확률이 높아지고 좋아하는 색깔에서 나타나는 특징적인 성격을 가지고

태어날 확률이 높아진다.

자매가 운영하는 음식점에 갔는데 그 집 엄마를 본 적이 있다. 언니는 노란색이고 엄마는 녹색이 분명한데, 동생은 보라색이다. 노란색 엄마에게 보라색 자식이 나오는 것은 너무 어려운 일이기 때문에 엄마 딸이 아닌 것 같다고 하자 충격적인 대답이 돌아왔다. 엄마가 다르다는 것이다. 그렇다면 그 집의 아빠는 빨간색을 좋아할 것이다. 빨간색과 녹색이 만나 노란색 딸을 낳고, 빨간색과 파란색이 만나 보라색 딸을 낳았을 것이다.

만약에 빨간색을 좋아하는 열정적인 아빠와 파란색을 좋아하는 조용한 성격의 엄마를 두고 있다면, 내가 좋아하는 색은 보라색에 가까워야 할 것이지만 노란색이나, 녹색을 좋아한다면 부모 중 하나는 친부모가 아닐 확률이 있다. 혈액형으로도 친부모 여부를 알 수 있지만 좋아하는 색으로도 친부모 여부를 짐작할 수 있는 것이다. 자신의 성격을 잘 모르는 사람이 있을 수 있다면 자신이 좋아하는 색을 잘 모르는 경우도 있을 수 있다. 좋아하는 색에 대한 정확한 이해

없이 판단하는 것을 삼가해야 할 것이다. 요즘에는 이런 방법 말고도 유전자로 친자 여부를 알 수 있어 억측을 하지 않아도 되니 다행이다.

성격의 발달

성장단계에 따라 관여하는 색이 다르다. 유아기는 생명의 뇌가 발달하는 시기로 노란색과 관련이 있다. 청소년기는 감정의 발달이 왕성한 시기로 감정조절을 잘하지 못한다. 성인이 되면 신체능력과 성격이 완성된다. 자신의 성격과 적성에 맞는 직업과 조직에 종사한다면 문제가 없겠지만, 직업과 조직의 생리에 자신의 정체성은 발전하기도 하고 후퇴하기도 한다. 자신이 좋아하는 색이 바뀌었다면 자신의 정체성을 찾았거나 훼손된 경우다. 조직에 들어가면서 싫어하는 색 없이 좋아하는 색이 바뀌었다면 그동안 몰랐던 자신의 성격과 적성을 찾은 경우이고, 싫어하는 색이 생기고 좋아하는 색이 바뀌었다면 자신의 정체성이 훼손된 경우다.

아이가 없는 부부

불임부부가 늘고 있다. 환경호르몬에 노출되어 정자 수가 줄어들고 착상이 잘되지 않기 때문이라고 한다. 불임은 자연식을 하면 치료에 도움이 된다고 한다.

부부 사이에 아이가 없는 것은 부부에게나 주변 사람들에게나 좋은 일은 아니다. 아이가 없는 부부는 색안경을 끼고 보는 이웃들의 시선과 자격지심으로 인한 고통 속에서 평생을 살아가는 경우도 있다. 부부 사이에 아이가 없더라도 자손이 없는 것은 아니다. 다소 황당하게 들릴 것이다.

나의 조카는 나와 유전자가 일치할 확률이 25%이다. 평균 50%의 유전자가 일치하는 형제자매의 유전자를 50% 물려받았기 때문이다. 조카의 몸속에는 나와 같은 유전자가 평균 25% 있다. 나의 유전자 50%를 물려받은 자식 둘을 모아 놓으면 그 안에 내가 있지만, 조카 넷을 모아 놓아도 그 안에 내가 있는 것이다. 내가 직접 낳지 않았고 자식과 물려받은 유전자의 퍼센트는 다르지만, 조카는 엄연한 나의 후손인 것이다.

아이가 없는 부부라 하더라도 조카를 자식으로 생각하면 세상의 시선을 의식하지 않으면서 자격지심도 멀리할 수 있을 것이다.

나의 유전자는 몇 대까지 남아 있을까?

10대만 내려가면 자손에게 유전되는 나의 유전자는 1% 정도로 줄어든다. 다만, 아버지의 유전자 중에 아들에게 유전되는 y 유전자는 영원히 유전된다. 남자인 경우 남자인 친조카에게 자신의 y 유전자가 유전되고 있는 것이다.

딸이면 어때!

아들이 없고 딸만 있다면 족보가 단절되는 것이 무엇보다 문제다. 왜 족보는 남자 위주로 되어있을까? 애비 없는 자식은 있어도 어미 없는 자식은 없다고 했는데….

인간의 염색체는 23쌍이다.

상염색체 22쌍, 성염색체 1쌍

아빠와 엄마의 염색체가 반으로 나뉘어서 그 반끼리 합쳐

지면 자손이 된다.

그런데 남녀의 성염색체가 서로 모양이 다르다.

X는 Y보다 크기가 크다.

X는 완전한 형태이고, Y는 X의 결여태다.

Y의 부족한 부분에는 임신과 출산에 관련된 유전자가 들어있을 것이다.

딸이 엄마에게 받는 유전정보는 정확하게 50%다.

아들은 엄마한테 받는 것이 50%를 조금 넘는다.

인간의 유전자는 여자의 것이 더 많이 유전되고 있는 것이다.

자식은 엄마 유전자를 아빠와 같거나 더 많이 받는데 아빠 성을 쓰는 이유는 남자에게 책임감을 주기 위한 것일 것이다. 족보를 여자 위주로 기술하면 아무 문제가 없다. 어미없는 자식은 없으니까. 족보를 남자 위주로 기술하면서 문제가 발생한다. 애비를 잘 모르는 자식이 있을 테니까. 요즘에야 유전자 지문을 비교하면 친자를 알 수 있다지만 예전에는 정확하게 알 수 없었을 것이다. 그러나 족보에는 잘 모른다는 식의 애매한 기술은 없고 직계존속만 있다. 정말 애매한 경우가 없었을까? 남자가 가정을 지키는 힘의 원천은 바로 자기 성씨를 물려주는 것이라는 생각이 든다.

PART 2

갈등의 의미

　세상에 있는 어떤 것이든 서열이 있는 것은 갈등의 원인이 된다. 예를 들어 나이, 직위, 성격, 돈, 인기, 능력 등 서열을 정할 수 있는 것은 모두 갈등의 원인이 된다.

　나이와 성격이 일으키는 갈등을 예로 들면 한 명은 나이가 많고 성격 서열이 낮으며, 다른 한 명은 나이가 적고 성격 서열이 높은 경우로 나이의 서열과 성격의 서열이 충돌을 일으키기 때문에 갈등이 발생하는 것이다. 다른 하나는 한 명이 나이도 많고 성격의 서열도 높으면 상생과 상극이 발생할 수 있다. 상생은 한 사람이 다른 한 사람에게 도움을 주는 관계이고, 상극은 한 사람이 다른 한 사람을 이기는 관계이다. 상생은 갈등이 적어 문제될 것이 없다. 상극의 경우는 겉으로 보기에는 위계질서가 있고 분위기도 좋은 것으로 생각할 수 있지만, 나이도 어리고 성격의 서열도 낮은 한 명이 인정받지 못해 정신적인 고통을 받을 수도 있다.

성격이 비슷하고 성격 서열이 없다면 갈등이 일어날 확률은 낮다. 나이, 직위, 성격, 돈, 인기, 능력 등은 객관적으로 서열을 알기 쉬우므로 갈등을 일으켜도 화해할 수 있는 방법이 있다. 하지만 모든 사람이 화해하는 갈등 없는 세상을 꿈꾸기보다는 갈등을 이해하는 것이 더 필요하다. 왜냐하면, 성격 서열에 차이가 있어 갈등이 일어날 확률이 훨씬 많기 때문이다.

갈등의 종류

갈등은 서로 다름에 대한 이해 부족이며, 상생과 상극의 이해 부족이다. 화해는 서로 다름에 대한 이해이며, 상생과 상극에 대한 이해다. 부부 간의 갈등, 부자 간의 갈등, 고부 간의 갈등, 며느리와 시누이의 갈등, 친구 간의 갈등, 직원 간의 갈등을 중심으로 갈등의 원인과 화해의 방법을 설명하고자 한다.

부부 간의 갈등

부부 간의 갈등을 알 수 있는 좋은 자료는 통계다. 의견은 개인적이고 주관적인 것이지만 여러 사람의 의견을 모아서 분류하면 객관적인 통계가 된다. 2014년 통계청 자료 "이혼 사유별 이혼"을 보면 성격 차이가 45%, 경제문제가 11%였다. 이혼을 하는 부부 중에서 가장 많은 부부가 성격 차이로 갈등을 경험하는 것으로 조사되었고, 그 다음으로 많은 갈등을 겪는 것은 경제적인 문제였다.

부부 간의 갈등을 가장 많이 유발하는 성격 차이는 어느 정도 극복이 가능하다. 성격 차이로 인한 부부 간의 갈등은 나이와 성격이 조화롭지 못하고 갈등의 원인을 이해할 수 있는 능력이 서로에게 부족한 경우에 나타나기 때문이다.

부부 간의 궁합에도 갈등이 있는 궁합과 없는 궁합이 있다. 부부 간의 갈등은 성격의 우위와 나이의 많고 적음이 잘 맞지 않아서 생긴다. 우리 사회는 나이가 많으면 이긴다. 가족의 서열은 나이로 결정되며, 나이 어린 사람은 어른에게 인사하여야 하며, 존경의 표시로 존칭을 사용하여야 한다. 나이 많은 사람이 나이 어린 사람보다 위다. 성격에도 이기는 성격이 있다. 나이는 많고 적음을 객관적인 증명으로 알 수 있다. 그러나 성격의 서열은 알기 어렵다.

　성격은 우위인데 나이가 적으면 성격과 나이가 갈등을 일
으킨다. 성격이 열위이고 연상인 남편과 성격이 우위인 연하
의 아내는 갈등이 있다. 나이는 남편이 많지만, 성격은 아내
가 우위에 있는 경우다. 이런 경우 보통은 아내의 기가 세서
그렇다고 이야기하는데 이것은 성격과 나이의 서열이 서로
달라 생기는 갈등으로 아내의 성격이 남편보다 우위에 있으
나, 나이는 적어 남편에게 지므로 갈등이 생기는 것이다. 남
편은 나이가 많아 가장 역할을 하려고 하지만 의사결정에서
아내를 이기지 못하며, 아이들도 엄마를 더 좋아함에 따라
남편이 상실감을 느낀다. 그런데 그 사실을 알지 못하고 평
생을 참고 인내하며 산다면 정신건강에 나쁘지 않다고 장담
할 수 없다. 과연 궁합이 좋지 않아서일까? 궁합은 좋다. 성
격이 다를 뿐이다. 남녀의 사랑에 대한 것과 나이를 연관 지
어 서로가 이해하면 얼마든지 갈등을 극복할 수 있다고 생
각하는 것이다.

부부의 성격과 나이의 갈등을 표로 정리하면 다음과 같다.

구분		갈등
남편	나이 많음 성격 우위	남편의 나이와 성격이 절대적인 우위에 있으나, 황혼에 아내의 불만이 터질 수 있다. 아내에 대한 남편의 배려가 필요하다. 아내가 주도권을 잡으려고 할 경우 이혼에 대한 남편의 요구가 커진다.
	나이 많음 성격 열위	서로의 성격에 대한 이해가 필요하다. 서로 주도권을 잡으려고 할 경우 갈등이 커진다.
	나이 적음 성격 우위	서로의 성격에 대한 이해가 필요하다. 서로 주도권을 잡으려고 할 경우 갈등이 커진다.
	나이 적음 성격 열위	아내의 나이와 성격이 절대적인 우위에 있으나, 남편에 대한 아내의 배려가 필요하다. 남편이 주도권을 잡으려고 할 경우 이혼에 대한 아내의 요구가 커진다.

부부의 성격과 경제력 여부의 갈등을 표로 정리하면 다음과 같다.

구분		갈등
남편	성격 우위 외벌이	남편의 성격과 경제력이 절대적인 우위에 있으나, 아내에 대한 남편의 배려가 필요하다. 아내가 주도권을 잡으려고 할 경우 이혼에 대한 남편의 요구가 커진다.
	성격 우위 맞벌이	서로의 성격에 대한 이해가 필요하다. 서로 주도권을 잡으려고 할 경우 갈등이 커진다.
	성격 열위 외벌이	서로의 성격에 대한 이해가 필요하다. 서로 주도권을 잡으려고 할 경우 갈등이 커진다.
	성격 열위 맞벌이	아내의 성격이 우위에 있으나, 남편에 대한 아내의 배려가 필요하다. 남편이 주도권을 잡으려고 할 경우 이혼에 대한 아내의 요구가 커진다.

부부는 서로 바라고 싫어하는 것이 다르다. 남편은 술 안 마시고 일찍 귀가하고, 처갓집에 잘하면 크게 싸울 일이 없고, 아내는 자신의 남편을 다른 남자와 비교하지 않으면 크게 싸울 일이 없지만 그렇게 하기 힘들다면 갈등이 생기는 것이다.

부부갈등에서 빈곤의 문제는 해결할 방법이 많지 않다. "가난은 나라님도 구제할 수 없다"는 속담이 있을 정도이니까 말이다. 그런데 빈곤문제를 뺀 경제적인 문제는 해결할 수 있다. 2005년 통계청 자료를 보면 심각한 부부갈등을 경험한 부부 중에서 경제적인 문제로 갈등을 경험했다고 답변한 남편은 16%였고, 아내는 22%였다. 남편보다 아내가 경제적으로 심각한 갈등을 느낄 확률이 높았다. 소득 수준별로 심각한 부부갈등의 경험이 있었다는 아내의 답변은 99만 원 이하 19%, 100~199만 원 이하 27%, 200~299만 원 이하 25%, 300만 원 이상 27%였다. 소득수준의 차이에도 불구하고 아내가 경제적인 심각한 갈등을 느낄 확률은 비슷하였고, 소득이 적은 구간인 99만 원 이하인 경우에 오히려 갈등이 줄었다. 소득이 많을수록 갈등이 줄어들 것으로 예상했지만, 소득이 적은 경우에 갈등이 줄어드는 것으로 조사되었다.

경제적인 문제로 인하여 발생한 부부갈등은 소득수준의 문제가 아니라 배분의 문제로 보인다. 소득수준에 따라 갈등이 비례하거나 반비례하지 않았기 때문이다. 소득이 많거나 적어도 부부갈등은 비슷한 것이다. 맞벌이 부부의 아내에게 "남편이 가장 미울 때"에 대한 설문조사 답변 1위는 "처갓집에 잘못할 때"였다. 처갓집보다 시댁에 지출을 많이 하였다면 아내가 불만이 많을 것이고, 시댁보다 처갓집에 지출을 많이 하였다면 남편이 불만이 많을 것이다. 부부가 의논해서 양가에 공평하게 지출한다면 갈등은 상당 부분 해결할 수 있다. 다만 시댁 식구와 처가 식구 수가 다른데 경조사비 지출 횟수에 불만이 있으면 곤란하다. 원래 경조사비라는 것이 이자는 붙지 않지만 부조한 만큼 되돌려 받는 것이기 때문이다. 그래도 불만이 있다면 자식을 많이 낳아서 되돌려 받으면 된다. 자식에게 들어오는 경조사비가 자식 키우는 비용보다 많을 거라고 생각한다면 말이다.

황혼이혼은 자녀의 나이와 상관관계가 있음이 확인되었다. 대부분의 여자들은 자식이 독립하려면 20세가 넘어야 된다고 생각하고 있으며, 20세까지는 부모의 보호가 필요하다고 생각하는 사람이 많으며 자식의 나이가 20세가 되면 이혼을 생각하는 사람이 증가하기 때문에 20세 이상의 자녀를 둔 가정에서 이혼율이 급증한다. 자녀들이 독립할 수 있는 나이에 도달하면 숨겨져 있던 부부의 갈등이 구체적으로 나타난다는 증거이기도 하다. 이 또한 본능이다. 이러한 본능은 결혼과 이혼에 대한 인간의 본능, 성격과 나이의 갈등관계를 이해함으로써 극복할 수 있을 것이다.

심각한 부부갈등을 경험한 부부가 심각한 부부갈등에도 불구하고 결혼을 지속하는 이유는 자식 때문이라는 답변이 전체 51%로 가장 많았다. 남편은 45%, 아내는 55%였다. 자식에 대한 애정은 남편보다 아내가 더 많다는 것을 보여주는 통계라 하겠다.

부부 간의 화해는 사랑에 대한 이해가 우선이다. 사랑은 서로 다름에 대한 끌림이다. 인간이 서로 비슷한 유전자와 성격에 끌린다면 형제자매와 결혼하고 싶어할 것이다. 하지만 형제자매에게는 강력한 사랑의 감정이 생기지 않는다. 인간은 자연에서 살아남기 위하여 자신에게 없는 우수한 형질을 가진 이성을 선택하여 더 나은 자식을 낳아야만 했고, 자식들 중 부모의 우수한 형질을 많이 받은 자식이 생존에 유리하였다. 이러한 자연선택이 인간이 진화하는 동안 본능으로 남았기 때문에 자신과 다른 우수한 유전자를 가진 이성에게 끌리는 것이다. 자신과 다른 우수한 유전자를 가진 이성은 성격 차이가 있는 것이 당연하다.

사랑의 감정은 강력하다. 그러나 영원할 것만 같은 사랑도 몇 년이면 시들해진다. 사랑의 강력한 감정은 결혼하여 아이를 가질 수 있는 충분한 시간만큼만 지속된다. 시간이 지나면 갈등이 시작되는 것이다. 사랑은 짧고, 갈등은 길어 사랑은 추억이고, 갈등은 현실이라 하겠다. 갈등은 서로 다름에 대한 갈등이다. 서로 달라 사랑했지만, 서로 다른 것이 갈등으로 현실화된다. 사랑해서 결혼했는데, 생각하는 것과 바라는 것이 서로 다르다는 사실이 이해되지 않는다면 갈등이 시작될 수밖에 없는 것이다. 연애를 길게 하는 것도 수많은 시험과 난관을 만날 수 있기 때문에 좋지 않다.

아기를 낳아 키우는 동안에는 갈등이 줄어든다. 부부 사이에 아기가 태어나면 가정을 유지할 수 있도록 책임감과 모성애가 생겨난다. 아기가 다 자라면 다시 갈등이 커진다. 이 또한 본능이라 하겠다. 옛날 사람들은 사랑 없이 중매로 만나도 백년해로했다. 피임이 없었기 때문에 갈등이 생길 시간이 적었을 것이다. 당연히 이혼율이 낮다. 요즘 사람들은 결혼 후에 피임을 한다. 아기를 낳아 키우지 않는 것이 갈등을 일으킨다는 사실을 모른 채, 본능에 속고 본능에 순응하며 고통받는다. 당연히 이혼율이 높아진다. 부부는 서로 다름을 인정하고, 같은 것은 공유하며, 서로 다른 것은 강요하지 않고 존중하는 지혜가 필요하다 하겠다.

부부는 서로 다른 유전적 형질을 가진 사람이 만나기 때문에 천생연분이 아니면 상극의 관계로 만날 확률이 높다. 노자가 말한 자연으로 돌아가고 싶은 부부는 피임을 하지 않으면 된다. 피임을 하는 동안 부부 간의 갈등은 피할 수 없는 운명처럼 느껴진다. 하지만 성격을 이해하면 부부 간의 갈등은 어느 정도 화해할 수 있다.

상극이라 함은 싸우면 항상 지는 배우자가 생긴다는 의

미이다. 부부싸움에서 항상 진다면 지는 배우자에게 화병이 생길 수 있다는 말이기도 하다. 대표적인 화병에는 스트레스, 우울증, 암이 있다. 부부 중에 하나가 스트레스, 우울증, 암을 가지고 있다면 부부는 갈등이 있을 확률이 높다고 보는 것이다. 부부는 최고의 궁합이 아니면 다툼이든 상극이든 갈등이 발생할 확률이 높다.

화해는 나와 배우자가 서로 다른 성격을 타고났다는 사실을 인지하는 것이 중요하다. 그것도 아주 반대의 성격을 타고 날 확률이 높다는 사실을 알아야 한다. 나는 배우자와 비슷한 성격이 하나도 없다고 생각하면 갈등이 적다. 그런데 부부 사이는 좋아하는 것과 바라는 것이 같아야 한다고 착각하는 순간 갈등에 빠지고 만다. 서로 다른 것을 트집 잡고, 고치려고 하고, 바라고 원망하면 갈등이 커진다. 사랑의 감정은 강력하다. 사랑은 바라거나 원망하지 않는 것이다. 이미 강력한 사랑의 감정으로 보상받았기 때문이다. 서로 달라서 사랑을 느끼게 해준 배우자에게 감사하고 나한테 없는 능력을 가진 배우자에게 고마움을 느껴야 한다. 부부는 서로 보완관계에 있다. 서로의 약점을 서로의 장점으로 보완하고 있는 관계일 확률이 아주 높기 때문이다.

화해를 위해서 서로 맞춰서 산다는 부부가 많다. 맞춰서 살면 근본적으로 갈등이 해소되지 않고 불만이 쌓인다. 예를 들면, 남편과 아내는 좋아하는 음식이 다를 수 있다. 남편은 단 것을 좋아하고 아내는 신 것을 좋아할 수 있다. 아내가 맞춰서 산다는 의미는 신 음식을 좋아하는 아내가 단 음식을 참고 먹어준다는 의미이고, 남편이 맞춰서 산다는 의미는 단 음식을 좋아하는 남편이 신 음식을 참고 먹어준다는 의미이다. 이것은 진정한 의미의 화해가 아니다. 불만이 있어도 그냥 인내하는 것일 뿐이다.

부부는 서로의 성격을 이해하고 살아야 한다. 배우자의 성격과 취향을 이해해야 화해를 잘 할 수 있는 것이다. 단 음식을 좋아하는 남편은 싫어하는 신 음식을 먹어주지 말고, 신 음식을 좋아하는 아내는 싫어하는 단 음식을 먹어주지 말아야 한다. 진정한 의미의 화해를 하고 싶다면 신 음식과 단 음식을 함께 식탁에 올리고 부부는 각자 취향에 맞는 음식을 먹어야 한다. 취미생활도 마찬가지다. 서로 좋아하지 않는 취미생활을 같이 할 필요가 없다. 공통의 취미가 없다면 취미생활을 각자가 따로 하면 되는 것이다. 한 사람의 희생으로 함께하는 취미생활은 부부인 두 사람 모두에게 만족감을 줄 수 없다.

부부는 천생연분으로 만나지 않으면 상극으로 만날 확률이 높다. 그래서 다른 친인척 관계보다 갈등이 더 많을 수 있다. 갈등이 없는 천생연분은 설명하지 않는다. 성격이 달라 사랑에 빠졌지만 성격 차이로 갈등을 느끼는 부부를 대상으로 설명한다. 경제력과 나이의 갈등은 설명하지 않는다. 경제력과 나이는 객관적인 서열을 알 수 있어 화해하기가 비교적 쉽기 때문이다. 부부의 나이와 성격에서 나타나는 갈등을 설명한다.

남편이 연상이고 성격이 우위인 경우

남편이 연상이고 아내보다 성격 서열이 높은 경우는 남편이 아내를 절대적으로 이기는 상극이 된다. 아내에 대한 남편의 적극적인 이해와 배려가 필요하다. 남편이 아내를 강하게 누르는 상황이 지속되면 아내는 정체성을 잃고 화병을 앓을 수 있다. 강하게 누르지 말고 배려하면서 적당히 눌러야 한다. 그런데 아내가 남편을 이기려고 할 경우 남편은 아내의 행동을 이해하지 못한다. 아내가 남편을 이기기 위하여 말도 되지 않는 억지를 부리는 것으로 보이기 때문에 남편은 아내에게 크게 실망하고 매우 억울하게 생각한다.

빨간색을 좋아하는 연상의 남편과 파란색을 좋아하는 아내

남편의 열정적이고 신속한 행동이 계획을 쉽게 행동으로 옮기지 못하는 아내를 이긴다. 생각을 많이 하고 행동에 신중한 아내가 계획을 세우는 동안 남편은 거침없이 실행하고 결과를 얻기 때문에 아내의 계획을 무용지물로 만든다. 아내는 용기 있는 남편이 부럽다. 아내는 생각해본 적이 없는 것에 위축되지만, 남편은 모르는 것도 아는 척할 수 있다. 두서없이 말하는 남편의 말을 아내는 정리하기도 이해하기도 어렵다. 아내가 한 마디 하면 남편은 열 마디 한다. 아내

는 머리가 아파 아무 말도 할 수가 없다. 남편의 나이와 성격이 절대적인 우위에 있으나, 황혼에 아내의 불만이 증가하거나 화병이 생길 수 있다. 기회를 잃은 아내가 무능력해지거나 희망을 포기할 수 있다. 아내에 대한 남편의 배려가 필요하다. 아내가 주도권을 잡으려고 할 경우 남편의 잔소리가 늘어나거나, 거짓말이 늘어나거나, 이혼에 대한 남편의 요구가 커질 수 있다.

빨간색을 좋아하는 나이 많은 남편과 파란색을 좋아하는 아내가 있는 가정은 남편이 아내를 강하게 누르는 상극의 관계다. 남편은 능력 없는 아내를 보며 답답하게 생각한다. 아내는 고집스럽게 한 우물을 파야 성공하는 사람이지만 상황에 따라 신속하게 행동하는 성질 급한 남편이 아내를 기다려주지 못하는 것이다. 아내의 계획을 남편이 믿어주지 않으며 아이들도 아빠 말을 더 잘 듣는다. 아내는 자신의 무능함을 자책하며 조급하게 서두르고 무리를 하더라도 성공은 멀기만 하다. 이 부부는 남편이 아내를 무능하게 느끼는 것이 자신의 조급함 때문이라는 것을 적극적으로 이해하여야 한다. 남편은 아내의 계획을 믿고 한 우물을 팔 수 있도록 지원하며 기다려주는 인내력이 필요하다. 아내의 계획과 남편의 추진력이 합해진다면 못할 것이 없다. 남편이 아내의 계획을 믿고 추진한다면 아내는 남편에게 내조를 잘하는 현명한 부인이 되어 있을 것이다. 남편은 과거에 관심이 많고, 아내는 미래에 관심이 많다. 부부가 과거와 미래를 함께 고민하면 현재도 안정된 생활을 할 수 있다.

노란색을 좋아하는 연상의 남편과 보라색을 좋아하는 아내

남편의 패기와 호탕함이 중요한 결정에서 망설이는 아내를 이긴다. 남편의 많은 아이디어에 아내가 고민하는 동안 남편은 신속한 의사결정으로 실행하고 결과를 얻지만, 아내의 의사결정은 너무 늦어 남편에게 도움이 되지 않는다. 조용한 성격으로 잘 움직이지 않는 아내는 강한 체력을 과시하는 남편이 멋져 보이고 조금은 두렵다. 남편의 나이와 성격이 절대적인 우위에 있으나, 황혼에 아내의 불만이 증가하거나 화병이 생길 수 있다. 의사 표현의 기회를 잃어버린 아

내의 불만이 커지고 용기도 잃어버릴 수 있다. 아내에 대한 남편의 적극적인 배려가 필요하다. 그렇지 않으면 아내가 밤마다 소리 없이 흘리는 눈물이 강을 이룰 것이다. 아내가 나이가 많다면 다툼이 있지만, 소리 없이 눈물 흘리는 횟수는 줄어들 수 있다. 아내가 주도권을 잡으려고 할 경우 남편의 음주 횟수가 늘어나거나, 폭력을 행사하거나, 이혼에 대한 남편의 요구가 커질 수 있다.

노란색을 좋아하는 나이 많은 남편과 보라색을 좋아하는 아내가 있는 가정은 남편이 아내를 강하게 누르는 상극의 관계다. 남편은 자신의 마음을 표현하지 못하고 망설이는 아내가 안타깝기만 하다. 아내는 세상은 힘과 돈으로 할 수 없는 것이 있다는 사실을 남편에게 설명하지만, 현재에 만족하는 남편은 아내의 말을 듣지 않는다. 자신의 마음을 보여주는 것이 인생에 도움이 되지 않는다는 사실을 남편에게 이야기하지만 남편은 아내의 말을 듣지 않고 의리를 강조한다. 아내는 함부로 말하고 행동하는 남편이 불안하고 못마땅하다. 아이들도 아빠 말을 더 잘 따른다. 이 부부는 안정적인 생활을 지향하는 아내가 불안하게 생각하는 것을 남편이 이해할 필요가 있다. 최소한의 안정적인 생활을 할 수 있도록 배려해주고 무리하게 밀고 나가는 모험적인 투자와 사업을 자제할 필요가 있다. 남편의 적극적인 이해로 안정적인 생활을 할 수 있게 된 아내는 다소곳한 귀부인이 되어 있을 것이다. 남편은 현재에 관심이 많고, 아내는 과거와 미래에 관심이 많다. 부부가 현재, 과거, 미래를 함께 고민하면 불가능한 일이 없다.

녹색을 좋아하는 연상의 남편과 빨간색을 좋아하는 아내

남편의 정의를 지키려고 하는 일관성이 두서없는 언행을 하고 후회하는 아내를 이긴다. 관찰력이 좋은 남편은 아내의 허점을 여지없이 지적하고 아내의 생각 없는 언행을 지적한다. 일단 실행하고 보는 아내가 시행착오를 겪는 동안 판단과 행동이 비교적 빠르고 논리적인 남편이 결과를 먼저 얻어 아내의 시행착오를 헛수고로 만든다. 남편은 관찰력과 분석력이 좋아 아내가 두서없이 하는 말을 신속하게 분석하고 논리에 맞지 않는 말을 지적한다. 아내의 연막작전은 남편에게 먹히지 않는다. 남편의 나이와 성격이 절대적인 우위에 있으나, 황혼에 아내의 불만이 증가하거나 화병이 생길 수 있다. 시행착오를 제한받는 아내는 특유의 추진력과 명랑함이 위축될 수 있다. 아내가 주도권을 잡으려고 할 경우 남편이 재산을 탕진하거나, 자해하거나, 이혼에 대한 남편의 요구가 커질 수 있다.

녹색을 좋아하는 나이 많은 남편과 빨간색을 좋아하는 아내가 있는 가정은 남편이 아내를 강하게 누르는 상극의 관계다. 그런데 남편은 자신이 아내를 강하게 누르고 있다는 사실을 잘 모른다. 남편은 아내의 입장에서 자신을 이해해본 적이 없기 때문이다. 하지만 아내는 불만이 있어도 말하지 못하고 있을 것이다. 이야기해봐야 얻을 것이 없었기 때문이다. 남편이 나이도 많아 아내의 주장은 잘 받아들여지지 않는다. 남편의 입장에서는 수신제가를 이룬 것 같은 생각에 만족감이 있어 혈색이 좋지만, 명랑하고 열정적인 성격을 가지고 있던 아내의 얼굴에는 그늘이 생기고 말 없는 조용한 성격으로 변해 있을 것이다. 아내는 서서히 자신의 정체성을 잃어가고 있는 것이다. 이런 부부는 아내의 성격과 적성에 대한 남편의 적극적인 이해와 위로가 필요하다. 남편의 이해와 위로를 받은 아내는 명랑하고 사교적인 성격을 되찾을 것이다. 남편은 현재와 미래에 관심이 많고, 아내는 과거에 관심이 많다. 부부가 현재, 미래, 과거에 대한 관심을 하나로 모은다면 불가능한 일이 없다.

파란색을 좋아하는 연상의 남편과 노란색을 좋아하는 아내

남편은 계획을 중요하게 생각하여 고집하므로 하고 싶은 대로 행동하는 아내의 자유를 통제한다. 생각과 언행의 속도가 같은 아내는 생각을 많이 하고 진지하게 행동하는 남편이 답답하지만 이길 수 없다. 남편은 미래에 관심이 많지만, 아내는 현재에 관심이 많다. 미래를 이야기하는 남편의 말에 대하여 생각해보지 않은 아내는 남편이 현명하다고 생각한다. 남편은 기억력이 좋아서 함부로 행동했던 아내의 실수를 질책해도 아내는 맞는 말만 하는 남편에게 변명할 수

없다. 아내는 힘으로 남편을 제압하고 싶지만, 힘이 부족하다. 남편의 나이와 성격이 절대적인 우위에 있으나, 황혼에 아내의 불만이 증가하거나 화병이 생길 수 있다. 자유를 제한받는 아내는 특유의 패기와 호탕함이 퇴화할 수 있다. 아내는 명품을 좋아한다. 그것을 모르는 남편에게 짝퉁을 선물 받은 아내는 분노하는 것이다. 아내가 주도권을 잡으려고 할 경우 남편이 현실을 회피하거나, 무능력해지거나, 이혼에 대한 남편의 요구가 커진다.

파란색을 좋아하는 나이 많은 남편과 노란색을 좋아하는 아내가 있는 가정은 남편이 아내를 강하게 누르는 상극의 관계다. 그런데 남편은 자신에게 아내가 불만을 가지고 있다는 사실을 잘 모른다. 생각이 많고 조용한 성격의 남편은 자유분방하고 제멋대로 행동하는 아내를 나무란다. 아내는 장군의 성격으로 최고급 제품을 가질 권리와 병사들에게 전진과 후퇴를 명령할 권리가 있어야 하지만 집안에 명품을 사주는 남편과 말을 잘 듣는 자식이 없다. 남편도 나이가 많고 아이들도 남편의 말을 더 잘 따르기 때문이다. 스케일이 크고 재미있고 호기심이 많던 성격은 어느새 재미없고 작은 일에 일희일비하는 성격으로 바뀌어 있을 것이다. 이 부부는 아내의 불만에 대한 남편의 적극적인 이해와 위로가 필요하다. 남편의 이해와 위로로 아내는 재미있고 자유분방한 성격을 찾을 것이다. 남편은 미래에 관심이 많고, 아내는 현재에 관심이 많다. 부부가 미래와 현재를 함께 고민하면 과거는 자연스럽게 잘 만들어지는 것이다.

보라색을 좋아하는 연상의 남편과 녹색을 좋아하는 아내

남편은 의사결정에 있어 망설이며 대답을 늦게 하는 경향이 있다. 연기력이 좋아 자신의 마음을 보여주지 않는 남편이 신속하고 솔직한 의사결정을 하는 아내를 답답하게 하고 화나게 만든다. 타인을 업신여기는 경우가 있는 남편이 정의의 화신인 아내의 전투력을 자극하지만 물리력으로 대응할 수 없는 아내는 답답하기만 하다. 아내는 약속을 잘 지키지만, 남편은 잘 지키지 않는다. 남편은 아내가 지키지 않은 약속 한 번과 자신이 지키지 않는 약속 다섯 번을 동일하게 설명하지만 아내는 한 번이라도 약속을 지키지 않은 자신이 원망스러울 뿐이다. 황혼에 아내의 불만이 증가하거나 화병이 생길 수 있다. 인내심을 잃은 아내가 자해를 하거나 재산을 낭비할 수 있다. 아내에 대한 남편의 배려가 필요하다. 아내가 주도권을 잡으려고 할 경우 남편이 희망을 포기하거나, 음주 횟수가 증가하거나, 이혼에 대한 남편의 요구가 커진다.

보라색을 좋아하는 나이 많은 남편과 녹색을 좋아하는 아내가 있는 가정은 남편이 아내를 강하게 누르는 상극의 관계다. 남편은 희망을 포기하며 좌절하는 아내를 보고 아내의 문제라고 생각한다. 아이들도 아빠를 더 잘 따르기 때문에 아내는 갈 곳이 없다. 솔직하고 약속을 잘 지키고 관찰력이 좋았던 아내는 갈등하고 있는 것이다. 이 부부는 아내에 대한 남편의 배려가 필요하고, 아내의 갈등에 대한 남편의 적극적인 이해와 위로가 필요하다. 남편의 이해와 위로로 아내는 정의로운 모범시민으로 돌아올 것이다. 남편은 과거와 미래에 관심이 많고, 아내는 현재와 미래에 관심이 많다. 부부가 과거와 현재를 함께 고민하면 미래는 보장되어 있다.

남편이 연상이고 성격이 열위인 경우

남편이 나이는 위지만 아내보다 성격 서열은 낮기 때문에 갈등을 일으키지만, 갈등이 증폭되어 극단적인 상황이 될 확률은 낮다. 남편이 연상이고 아내보다 성격 서열이 낮은 경우로 아내가 남편을 이기는 상극이 된다. 서로 주도권을 잡으려고 하면 다툼이 있다. 서로에 대한 이해와 배려가 필요하다. 아내의 성격에 대한 남편의 이해가 부족하여 남편이 아내를 이기려고 하면 부부 간의 갈등이 커진다. 남편이 아내를 이기기 위하여 말도 되지 않는 억지를 부리는 것으로 보이기 때문에 아내는 남편에게 실망하고 억울하게 생각한다.

빨간색을 좋아하는 연상의 남편과 녹색을 좋아하는 아내

아내의 정의를 지키려고 하는 일관성이 두서없는 언행을

하고 후회하는 남편을 이긴다. 관찰력이 좋은 아내는 남편의 허점을 여지없이 지적하고 남편의 생각 없는 언행을 지적한다. 일단 실행하고 보는 남편이 시행착오를 겪는 동안 판단과 행동이 비교적 빠르고 논리적인 아내가 결과를 먼저 얻어 남편의 시행착오를 헛수고로 만든다. 아내는 관찰력과 분석력이 좋아 남편이 두서없이 하는 말을 신속하게 분석하고 논리에 맞지 않는 말을 지적한다. 남편의 연막작전은 아내에게 먹히지 않는다. 아내의 성격이 우위에 있으니, 남편의 불만이 증가하거나 화병이 생길 수 있다. 시행착오를 제한받는 남편은 특유의 추진력과 명랑함이 위축될 수 있다. 남편에 대한 아내의 배려가 필요하다. 서로 주도권을 잡으려고 할 경우 갈등이 커진다.

녹색을 좋아하는 아내와 빨간색을 좋아하는 나이 많은 남편이 있는 가정은 아내가 남편을 누르는 상극의 관계다. 그런데 아내는 자신이 남편을 누르고 있다는 사실을 잘 모른다. 아내는 남편의 입장에서 자신을 이해해본 적이 없기 때문이다. 하지만 남편은 불만이 있어도 말하지 못하고 있을 것이다. 이야기해봐야 얻을 것이 없기 때문이다. 남편의 주장은 아내에게 잘 받아들여지지 않는다. 아내의 입장에서는 만족감이 있어 혈색이 좋지만, 명랑하고 열정적인 성격을 지니고 있던 남편의 얼굴에는 그늘이 생기고 말 수 적은 조용한 성격으로 변해 있을 것이다. 남편은 서서히 자신의 정체성을 잃어가고 있는 것이다. 이런 부부는 남편의 성격에 대한 아내의 적극적인 이해와 위로가 필요하다. 아내의 이해와 위로로 남편은 열정적이고 명랑한 성격으로 돌아올 것이다. 아내는 현재와 미래에 관심이 많고, 남편은 과거에 관심이 많다. 부부가 현재, 미래, 과거에 대한 관심을 하나로 모은다면 불가능한 일이 없다.

노란색을 좋아하는 연상의 남편과 파란색을 좋아하는 아내

아내는 계획을 중요하게 생각하여 고집하므로 하고 싶은 대로 행동하는 남편의 자유를 통제한다. 생각과 언행의 속도가 같은 남편은 생각을 많이 하고 진지하게 행동하는 아내가 답답하다. 아내는 미래에 관심이 많지만, 남편은 현재

에 관심이 많다. 미래를 이야기하는 아내의 말에 대하여 생각해보지 않은 남편은 아내가 현명하다고 생각한다. 아내는 기억력이 좋아서 함부로 행동했던 남편의 실수를 질책해도 남편은 맞는 말만 하는 아내에게 변명할 수 없고 힘으로 제압하고 싶지만, 명분이 없다. 다툼이 많다. 자유를 제한받는 남편은 특유의 패기와 호탕함이 퇴화할 수 있다. 서로의 성격에 대한 이해가 필요하다. 서로 주도권을 잡으려고 할 경우 갈등이 커진다.

파란색을 좋아하는 아내와 노란색을 좋아하는 나이 많은 남편이 있는 가정은 아내가 남편을 누르는 상극의 관계다. 그런데 아내는 남편이 자신에게 불만을 가지고 있다는 사실을 잘 모른다. 생각이 많고 조용한 성격의 아내는 자유분방하고 제멋대로 행동하는 남편의 자유를 통제한다. 남편은 장군의 성격으로 최고급 제품을 가질 권리와 병사들에게 전진과 후퇴를 명령할 권리가 있어야 하지만 집안에 명품을 사주는 아내와 말을 잘 듣는 자식이 없다. 아이들은 아내의 말을 더 잘 따른다. 스케일이 크고, 재미있고, 호기심이 많던 성격은 어느새 재미없고 작은 일에 일희일비하는 성격으로 바뀌어 있을 것이다. 이 부부는 남편의 불만에 대한 아내의 적극적인 이해와 위로가 필요하다. 아내의 이해와 위로를 받은 남편은 패기 있고 자유분방한 자신의 성격을 되찾을 수 있을 것이다. 남편은 미래에 관심이 많고, 아내는 현재에 관심이 많다. 부부가 미래와 현재를 함께 고민하면 과거는 자연스럽게 잘 만들어지는 것이다.

녹색을 좋아하는 연상의 남편과 보라색을 좋아하는 아내

아내는 의사결정에 있어 망설이며 대답을 늦게 하는 경향이 있다. 연기력이 좋아 자신의 마음을 보여주지 않는 아내가 신속하고 솔직한 의사결정을 하는 남편을 답답하게 하고 화나게 만든다. 타인을 업신여기는 경우가 있는 아내가 정의의 화신인 남편의 전투력을 자극하지만 물리력으로 대응할 수 없는 남편은 답답하기만 하다. 남편은 약속을 잘 지키지만, 아내는 약속을 잘 지키지 않는다. 아내는 남편이 지키지 않은 약속 한 번과 자신이 지키지 않는 약속 다섯 번을 동일하게 설명하지만 남편은 단 한 번이더라도 약속을 지키지 않은 자신이 원망스러울 뿐이다. 다툼이 많다. 인내심을 잃은 남편이 자해를 하거나 재산을 낭비할 수 있다. 서로의 성격에 대한 이해가 필요하다. 서로 주도권을 잡으려고 할 경우 갈등이 커진다.

　보라색을 좋아하는 아내와 녹색을 좋아하는 남편이 있는 가정은 아내가 남편을 누르는 상극의 관계다. 아내는 희망을 포기하며 좌절하는 남편을 보고 남편의 문제라고 생각한다. 아이들도 엄마를 더 잘 따르기 때문에 남편은 갈 곳이 없다. 솔직하고 약속을 잘 지키고 관찰력이 좋았던 남편은 갈등하고 있는 것이다. 이 부부는 남편에 대한 아내의 배려가 필요하다. 남편의 갈등에 대한 아내의 적극적인 이해와 위로가 필요하다. 아내의 이해와 위로를 받은 남편은 자신의 훼손된 정체성을 치유하고 정의로운 모범시민으로 돌아올 수 있다. 아내는 과거와 미래에 관심이 많고, 남편은 현재와 미래에 관심이 많다. 부부가 과거와 현재를 함께 고민하면 미래는 보장되어 있다.

파란색을 좋아하는 연상의 남편과 빨간색을 좋아하는 아내

아내의 열정적이고 신속한 행동이 계획을 쉽게 행동으로 옮기지 못하는 남편을 이긴다. 생각을 많이 하고 행동에 신중한 남편이 계획을 세우는 동안 아내는 거침없이 실행하고 결과를 얻기 때문에 남편의 계획을 무용지물로 만든다. 남편은 용기 있는 아내가 부럽다. 남편은 생각해본 적이 없는 것에 위축되지만, 아내는 모르는 것도 아는 척할 수 있다. 두서없이 말하는 아내의 말을 남편은 정리하기도 이해하기도 어렵다. 남편이 한 마디 하면 아내는 열 마디 한다. 남편은 머리가 아파 아무 말도 할 수가 없다. 다툼이 많다. 기회를 잃은 남편이 무능력해지거나 희망을 포기할 수 있다. 서로의 성격에 대한 이해가 필요하다. 서로 주도권을 잡으려고 할 경우 갈등이 커진다.

빨간색을 좋아하는 아내와 파란색을 좋아하는 남편이 있는 가정은 아내가 남편을 누르는 상극의 관계다. 아내는 능력 없는 남편을 보며 답답하게 생각한다. 남편은 고집스럽게 한 우물을 파야 성공하는 사람이지만 상황에 따라 신속하게

행동하는 성질 급한 아내가 남편을 기다려주지 못하는 것이다. 남편의 계획을 아내가 믿어주지 않으며 아이들도 엄마 말을 더 잘 듣는다. 남편은 자신의 무능함을 자책하며 조급하게 서두르고 무리를 하더라도 성공은 멀기만 하다. 이 부부는 아내가 남편을 무능하게 느끼는 것이 자신의 조급함 때문이라는 것을 이해하여야 한다. 아내는 남편의 계획을 믿고 한 우물을 팔 수 있도록 지원하며 기다려주는 인내력이 필요하다. 남편의 계획과 아내의 추진력이 합해진다면 못할 것이 없다. 아내가 인내력을 발휘한다면 남편은 시간이 걸리지만 쉽게 무너지지 않는 성공을 가져다줄 것이다. 아내는 과거에 관심이 많고, 남편은 미래에 관심이 많다. 부부가 과거와 미래를 함께 고민하면 현재도 안정적으로 생활할 수 있다.

보라색을 좋아하는 연상의 남편과 노란색을 좋아하는 아내

아내의 패기와 호탕함이 중요한 결정에서 망설이는 남편을 이긴다. 아내의 많은 아이디어에 남편이 고민하는 동안 아내는 신속한 의사결정으로 실행하고 결과를 얻지만, 남편

의 의사결정은 너무 늦어 아내에게 도움이 되지 않는다. 조용한 성격으로 잘 움직이지 않는 남편은 강한 체력을 과시하는 아내가 멋져 보이고 조금은 두렵다. 다툼이 많다. 의사표현의 기회를 잃어버린 남편의 불만이 커지거나 용기를 잃어버릴 수 있다. 서로의 성격에 대한 이해가 필요하다. 서로 주도권을 잡으려고 할 경우 갈등이 커진다.

노란색을 좋아하는 아내와 보라색을 좋아하는 남편이 있는 가정은 아내가 남편을 누르는 상극의 관계다. 아내는 자신의 마음을 표현하지 못하고 망설이는 남편이 안타깝기만 하다. 남편은 세상은 힘과 돈으로 할 수 없는 것이 있다는 사실을 아내에게 설명하지만, 현재에 만족하는 아내는 남편의 말을 듣지 않는다. 자신의 마음을 보여주는 것이 인생에 도움이 되지 않는다는 사실을 아내에게 이야기하지만 아내는 남편의 말을 듣지 않고 의리를 강조한다. 남편은 함부로 말하고 행동하는 아내가 불안하고 못마땅하다. 아이들도 엄마 말을 더 잘 따른다. 이 부부는 안정적인 생활을 지향하는 남편이 불안하게 생각하는 것을 아내가 이해할 필요가 있다. 안정적인 생활을 하면서 무리하게 밀고 나가는 모험적인 투자와 사업을 자제할 필요가 있다. 아내의 안정적인 생활로 남편은 조용하고 온화한 성격을 찾을 것이다. 아내는 현재에 관심이 많고, 남편은 과거와 미래에 관심이 많다. 부부가 현재, 과거, 미래를 함께 고민하면 불가능한 일이 없다.

부자 간의 갈등

대부분의 부모와 자식은 두 가지 서열이 있다. 나이 서열이 하나고, 성격 서열이 다른 하나다. 부모 중에서 성격 서열이 제일 높은 사람이 있고, 자식은 언제나 두 번째이며, 부모 중에서 성격 서열이 제일 높지 않은 사람이 세 번째다. 성격 서열이 세 번째인 부모와 자식은 갈등관계가 된다. 성격 서열 세 번째인 부모는 나이는 많지만, 성격 서열이 두 번째인 자식보다 서열이 낮아서 나이와 성격이 충돌하기 때문이다. 부모 중에 자식이 더 잘 따르는 사람이 성격 서열이 제일 높은 경우가 많다. 부자 간의 갈등은 부부 간의 갈등보다 약하게 나타난다. 상생의 관계에서 나이 서열이 다르기 때문에 나타나는 갈등으로 성격에 대한 이해가 있다면 크게 문제가 되지 않을 수도 있다. 부부는 보통 남편의 나이가 많고, 아내의 나이가 적은 부부가 많으므로 엄마보다 연상인 아빠와 엄마와 자식의 갈등관계와 화해를 설명한다.

성격 서열이 높은 연상의 아빠와 엄마와 자식의 경우

아빠는 나이로나 성격으로나 서열이 제일 높고, 엄마는 나이 서열이 두 번째, 성격 서열은 세 번째이고, 자식은 나이 서열이 세 번째, 성격 서열은 두 번째다. 따라서 나이 서열과 성격 서열이 서로 다른 엄마와 자식이 갈등관계에 놓이게 된다.

빨간색을 좋아하는 연상의 아빠와 파란색을 좋아하는 엄마와 보라색을 좋아하는 자식

자식은 생각이 많아 신중하고 고집스러운 엄마가 현실감각을 찾을 수 있도록 도와주려고 한다. 인간미가 다소 부족한

엄마에게 철학과 인정 사이에서 갈등하는 모습을 보여줌으로써 이상과 현실은 다른 것이라는 것을 알려주려고 하지만 엄마는 자신의 의견을 무시하는 경우가 있는 나이 어린 자식을 보면 머리가 아프다. 집안에 엄마의 말을 들어주는 사람이 없다. 속을 알 수 없는 성격으로 조직사회에서 잘 적응하지 못하는 자식이 뭐가 되려고 저러나 생각하며 갈등한다.

파란색을 좋아하는 엄마와 보라색을 좋아하는 자식은 자식이 엄마를 이끌어주는 상생의 관계가 되어야 하지만 나이가 많은 엄마가 자식의 말을 들을 생각이 없다면 갈등이 있다. 엄마가 예술적인 감각이 있고 느리지만 꾸준하며 남의 말을 잘 들어주지만 말 수가 적은 자식을 이해하고 이론보다 실천을 강조하며 침묵하는 자식의 인간적인 성격을 인정하여야 한다. 엄마가 자식을 가르치는 것보다 아빠가 지도하는 것이 더 효과적이라는 사실을 이해한다면 엄마는 자식과 좋은 관계를 유지할 수 있다.

노란색을 좋아하는 연상의 아빠와 보라색을 좋아하는 엄

　자식은 두 가지 마음을 가지고 있어 망설이는 엄마가 생각을 실행에 옮길 수 있도록 이끌어주려고 하고, 철학과 인정 사이에서 갈등하는 엄마에게 망설이는 것보다 행동하는 것이 좋을 수도 있다는 것을 알려주려고 하지만 엄마는 생각 없이 이야기하는 자식이 걱정된다. 자식은 자신의 마음을 잘 보여주지 않는 엄마가 좀 더 솔직하고 명랑해지도록 자극을 주려고 하지만 엄마는 자식에게 믿음이 가지 않는다. 집안에 엄마의 이야기를 들어주는 사람이 없고, 자식이 생각 없이 말을 함부로 한다고 생각하며 걱정한다.

　보라색을 좋아하는 엄마와 빨간색을 좋아하는 자식은 자식이 엄마를 이끌어주는 상생의 관계가 되어야 하지만 나이가 많은 엄마가 자식의 말을 들을 생각이 없다면 갈등이 있다. 엄마는 관심을 끌고 싶은 자식에게 자주 애정 표시를 하며 엄마가 사랑하고 있다는 사실을 알려주어야 한다. 엄마가 안정보다는 열정을 이야기하고 최신 유행에 민감한 자식의 성격을 이해한다면 용기 있고 사교적인 자식의 모습을 기대할 수 있을 것이다. 엄마가 자식을 가르치는 것보다는 아빠가 지도하는 것이 더 효과적이라는 사실을 이해한다면 엄마는 자식과 좋은 관계를 유지할 수 있다.

녹색을 좋아하는 연상의 아빠와 빨간색을 좋아하는 엄마와 노란색을 좋아하는 자식

자식은 정열적이지만 쉽게 식는 엄마가 용기를 잃지 않도록 의리로 지켜주려고 한다. 목표와 문제 해결 방법을 찾아 좌충우돌하는 엄마가 목표와 문제 해결 방법을 찾을 수 있도록 응원하고 인내심을 가지고 기다려주려고 하지만 엄마는 자신이 하고 싶은 대로 행동하는 자식이 사고 칠까 조금은 불안하다. 집안에 엄마의 이야기를 들어주는 사람이 없고, 제멋대로인 자식이 등교를 거부하며 사달라고 하는 고가의 물품을 사주었지만, 여전히 불안하다.

빨간색을 좋아하는 엄마와 노란색을 좋아하는 자식은 자식이 엄마를 이끌어주는 상생의 관계가 되어야 하지만 나이가 많은 엄마가 자식의 말을 들을 생각이 없다면 갈등이 있

다. 호기심이 많고 고가의 물품을 선호하는 자식이 무사히 학업을 마칠 수 있도록 고가의 물품을 사주어야 한다. 그렇지 않으면 친구들을 힘으로 제압하고 돈이나 물건을 빌리거나 빼앗고 되돌려주지 않는 경우가 생길 수 있다. 자식에게 공부를 잘할 경우 더 좋은 것을 사준다는 약속을 하면 열심히 노력하는 자식의 모습을 볼 수 있을 것이다. 불만이 있어도 윗사람에게 순종하는 모습을 보이고 여간해서 말실수를 하지 않는 자식의 성격을 이해하여야 한다. 엄마가 자식을 가르치는 것보다는 아빠가 지도하는 것이 더 효과적이라는 사실을 이해한다면 엄마는 자식과 좋은 관계를 유지할 수 있다.

파란색을 좋아하는 연상의 아빠와 노란색을 좋아하는 엄마와 녹색을 좋아하는 자식

자식은 규칙이나 제도를 벗어나려고 하는 엄마를 규칙이나 제도 안으로 이끌어주려고 한다. 아이디어가 많고 자신의 마음 가는 대로 행동하는 엄마가 엉뚱한 방향으로 나아

가지 않도록 바른길을 알려주려고 하지만 엄마는 나이 어린 자식이 이야기하는 것을 믿을 수 없다. 엄마는 집안에 자신의 이야기를 들어주는 사람이 없고, 어른을 가르치려고 하는 자식을 보면 화가 난다.

노란색을 좋아하는 엄마와 녹색을 좋아하는 자식은 자식이 엄마를 이끌어주는 상생의 관계가 되어야 하지만 나이가 많은 엄마가 자식의 말을 들을 생각이 없다면 갈등이 있다. 말을 잘 듣지 않는 자식에게 엄마가 욕을 하고 체벌을 가할 수도 있지만, 기회는 많지 않다. 정의롭고 모범적인 자식이 관찰력이 좋고 합리적인 성격을 가지고 있다는 것을 인정하고 엄마가 자식을 가르치는 것보다는 아빠가 지도하는 것이 더 효과적이라는 사실을 이해한다면 엄마는 자식과 좋은 관계를 유지할 수 있다.

보라색을 좋아하는 연상의 아빠와 녹색을 좋아하는 엄마와 파란색을 좋아하는 자식

자식은 고정관념과 틀에서 쉽게 벗어나지 못하는 엄마가

좀 더 자유로운 생각을 할 수 있도록 이끌어주려고 한다. 세상은 변하지 않는 법과 규칙으로만 유지되고 있는 것이 아니며 법과 규칙을 새로운 형태로 바꿀 수 있다는 사실을 알려주려고 하지만 엄마는 나이 어린 자식의 생각에 믿음이 가지 않는다. 엄마는 집안에 자신의 이야기를 들어주는 사람이 없고, 자신의 의견에 새로운 가능성을 이야기하는 자식을 보면 기분이 나쁘다.

녹색을 좋아하는 엄마와 파란색을 좋아하는 자식은 자식이 엄마를 이끌어주는 상생의 관계가 되어야 하지만 나이가 많은 엄마가 자식의 말을 들을 생각이 없다면 갈등이 있다. 엄마는 잠이 많은 자식이 약속을 잘 지키지 못하는 것을 처벌하려고 하지만 자식의 고집을 이기기 힘들다. 자식이 학자의 성격을 타고나 생각하는 시간이 많아 잠이 많다는 것을 인정하고 엄마가 자식을 가르치는 것보다는 아빠가 지도하는 것이 더 효과적이라는 사실을 이해한다면 엄마는 자식과 좋은 관계를 유지할 수 있다.

성격 서열이 낮은 연상의 아빠와 엄마와 자식의 경우

아빠는 나이로는 서열이 제일 높지만, 성격 서열은 세 번째다. 엄마는 나이 서열이 두 번째, 성격 서열은 제일 높다. 자식은 나이 서열이 세 번째, 성격 서열은 두 번째다. 따라서 나이서열과 성격 서열이 서로 다른 아빠와 자식이 갈등관계에 놓이게 된다.

파란색을 좋아하는 연상의 아빠와 빨간색을 좋아하는 엄마와 보라색을 좋아하는 자식

자식은 생각이 많아 신중하고 고집스러운 아빠가 현실감각을 찾을 수 있도록 도와주려고 한다. 인간미가 다소 부족한 아빠에게 철학과 인정 사이에서 갈등하는 모습을 보여줌으로써 이상과 현실은 다른 것이라는 것을 알려주려고 하지만 아빠는 자신의 의견을 무시하는 경우가 있는 나이 어린 자식을 보면 머리가 아프다. 속을 알 수 없는 성격으로 조직사회에서 잘 적응하지 못하는 자식이 뭐가 되려고 저러나 생각하며 갈등한다.

파란색을 좋아하는 아빠와 보라색을 좋아하는 자식은 자식이 아빠를 이끌어주는 상생의 관계가 되어야 하지만 나이가 많은 아빠가 자식의 말을 들을 생각이 없다면 갈등이 있다. 아빠가 예술적인 감각이 있고 느리지만 꾸준하며 남의 말을 잘 들어주지만 말 수가 적은 자식을 이해하고 이론보다 실천을 강조하며 침묵하는 자식의 인간적인 성격을 인정하여야 한다. 아빠가 자식을 가르치는 것보다 엄마가 지도하는 것이 더 효과적이라는 사실을 이해한다면 아빠는 자식과 좋은 관계를 유지할 수 있다.

보라색을 좋아하는 나이 많은 아빠와 노란색을 좋아하는 엄마와 빨간색을 좋아하는 자식

자식은 두 가지 마음을 가지고 있어 망설이는 아빠가 생각을 실행에 옮길 수 있도록 이끌어주려고 하고, 철학과 인정 사이에서 갈등하는 아빠에게 망설이는 것보다 행동하는 것이 좋을 수도 있다는 것을 알려주려고 하지만 아빠는 생각 없이 이야기하는 자식이 걱정된다. 자식은 자신의 마음

을 잘 보여주지 않는 아빠가 좀 더 솔직하고 명랑해지도록 자극을 주려고 하지만 아빠는 자식에게 믿음이 가지 않는다. 아빠는 자식이 생각 없이 말을 함부로 한다고 생각하며 걱정한다.

보라색을 좋아하는 아빠와 빨간색을 좋아하는 자식은 자식이 아빠를 이끌어주는 상생의 관계가 되어야 하지만 나이가 많은 아빠가 자식의 말을 들을 생각이 없다면 갈등이 있다. 아빠는 관심을 끌고 싶은 자식에게 자주 애정 표시를 하며 아빠가 사랑하고 있다는 사실을 알려 주어야 한다. 아빠가 안정보다는 열정을 이야기하고 최신 유행에 민감한 자식의 성격을 이해한다면 용기 있고 사교적인 자식의 모습을 기대할 수 있을 것이다. 아빠가 자식을 가르치는 것보다는 엄마가 지도하는 것이 더 효과적이라는 사실을 이해한다면 아빠는 자식과 좋은 관계를 유지할 수 있다.

빨간색을 좋아하는 나이 많은 아빠와 녹색을 좋아하는 엄마와 노란색을 좋아하는 자식 자식은 정열적이지만 쉽게 식는 아빠가 용기를 잃지 않도록 의리로 지켜주려고 한다. 목표와 문제 해결 방법을 찾아 좌충우돌하는 아빠가 목표와 문제 해결 방법을 찾을 수 있도록 응원하고 인내심을 가지고 기다려주려고 하지만 아빠는 자신이 하고 싶은 대로 행동하는 자식이 사고 칠까 조금은 불안하다. 제멋대로인 자식이 등교를 거부하며 사달라고 하는 고가의 물품을 사주었지만, 여전히 불안하다.

빨간색을 좋아하는 아빠와 노란색을 좋아하는 자식은 자식이 아빠를 이끌어주는 상생의 관계가 되어야 하지만 나이가 많은 아빠가 자식의 말을 들을 생각이 없다면 갈등이 있다. 호기심이 많고 고가의 물품을 선호하는 자식이 무사히 학업을 마칠 수 있도록 고가의 물품을 사주어야 한다. 그렇지 않으면 친구들을 힘으로 제압하고 돈이나 물건을 빌리거나 빼앗고 되돌려주지 않는 경우가 생길 수 있다. 자식에게 공부를 잘할 경우 더 좋은 것을 사준다는 약속을 하면 열심히 노력하는 자식의 모습을 볼 수 있을 것이다. 불만이 있어도 윗사람에게 순종하는 모습을 보이고 여간해서 말실수를 하지 않는 자식의 성격을 이해하여야 한다. 아빠가 자식을 가르치는 것보다는 엄마가 지도하는 것이 더 효과적이라는 사실을 이해한다면 아빠는 자식과 좋은 관계를 유지할 수 있다.

노란색을 좋아하는 나이 많은 아빠와 파란색을 좋아하는 엄마와 녹색을 좋아하는 자식

자식은 규칙이나 제도를 벗어나려고 하는 아빠를 규칙이나 제도 안으로 이끌어주려고 한다. 아이디어가 많고 자신의 마음 가는 대로 행동하는 아빠가 엉뚱한 방향으로 나아가지 않도록 바른길을 알려주려고 하지만 아빠는 나이 어린 자식이 이야기하는 것을 믿을 수 없다. 아빠는 어른을 가르치려고 하는 자식을 보면 화가 난다.

노란색을 좋아하는 아빠와 녹색을 좋아하는 자식은 자식이 아빠를 이끌어주는 상생의 관계가 되어야 하지만 나이가 많은 아빠가 자식의 말을 들을 생각이 없다면 갈등이 있다. 말을 잘 듣지 않는 자식에게 아빠가 욕을 하고 체벌을 가할

수도 있지만, 기회는 많지 않다. 정의롭고 모범적인 자식이 관찰력이 좋고 합리적인 성격을 가지고 있다는 것을 인정하고 아빠가 자식을 가르치는 것보다는 엄마가 지도하는 것이 더 효과적이라는 사실을 이해한다면 아빠는 자식과 좋은 관계를 유지할 수 있다.

녹색을 좋아하는 나이 많은 아빠와 보라색을 좋아하는 엄마와 파란색을 좋아하는 자식

자식은 고정관념과 틀에서 쉽게 벗어나지 못하는 아빠가 좀 더 자유로운 생각을 할 수 있도록 이끌어주려고 한다. 세상은 변하지 않는 법과 규칙으로만 유지되고 있는 것이 아니며 법과 규칙을 새로운 형태로 바꿀 수 있다는 사실을 알려주려고 하지만 아빠는 나이 어린 자식의 생각에 믿음이 가지 않는다. 아빠는 자신의 의견에 새로운 가능성을 이야기하는 자식을 보면 기분이 나쁘다.

녹색을 좋아하는 아빠와 파란색을 좋아하는 자식은 자식이 아빠를 이끌어주는 상생의 관계가 되어야 하지만 나이가

많은 아빠가 자식의 말을 들을 생각이 없다면 갈등이 있다. 아빠는 잠이 많은 자식이 약속을 잘 지키지 못하는 것을 처벌하려고 하지만 자식의 고집을 이기기 힘들다. 자식이 학자의 성격을 타고나 생각하는 시간이 많아 잠이 많다는 것을 인정하고 아빠가 자식을 가르치는 것보다는 엄마가 지도하는 것이 더 효과적이라는 사실을 이해한다면 아빠는 자식과 좋은 관계를 유지할 수 있다.

두 사람 모두 보라색을 좋아하는 부부를 본 적이 있다. 좋아하는 색이 같은 부부는 두 번째 좋아하는 색이 중요하다. 두 번째 좋아하는 색을 물어보았다. 남편은 빨간색을 아내는 파란색을 좋아한다고 했다. 보라색은 남편과 아내가 공통이고, 남편의 빨간색 성향과 아내의 파란색 성향이 만나 궁합이 맞았다. 처음에는 친구로 만났다가 사랑에 빠진 경우이며, 이심전심의 친구와 사랑하는 연인이 공존하니 백년해로한다. 예술적 감각이 있는 보라색을 좋아하는 자식이 나올 확률이 높다. 가족이 모두 보라색 성향이어서 갈등이 없는 화목한 가정이 된다.

고부 간의 갈등

며느리는 아들의 성격과 다른 사람이 될 확률이 높다. 노란색을 좋아하는 아빠와 보라색을 좋아하는 엄마 사이에 빨간색을 좋아하는 아들이 나왔다면 며느리가 좋아하는 색은 파란색, 청록색, 녹색일 확률이 높다. 노란색을 좋아하는 아빠와 보라색을 좋아하는 엄마 사이에 빨간색을 좋아하는 아들의 며느리가 좋아하는 색이 파란색, 청록색, 녹색이면, 시어머니에게는 며느리가 나이와 성격의 서열이 아래이므로 예쁘게 보이겠으나, 시아버지에게는 며느리 하는 짓이 못마땅하게 보인다. 나이 서열과 성격 서열이 반대이기 때문이다. 이 집은 고부 간의 갈등은 없으나, 시아버지와 며느리의 갈등이 존재한다. 고부 간의 갈등이 있을 확률과 고부 간의 갈등이 없을 확률은 반반이다. 며느리는 시부모 두 분 중의 한 분과 갈등이 있을 확률이 높기 때문이다.

고부 간의 갈등은 가족 내 성격 서열이 제일 높은 시어머니와 새로 들어오는 며느리 사이에 생기는 갈등이다. 시어머니보다 나이는 어리지만, 성격 서열이 시어머니보다 더 높은 며느리가 들어오게 되기 때문이다. 가족 중에서 시어머니의 성격 서열이 제일 낮다면 성격 차이가 만드는 고부 간의 갈등은 없을 확률이 높다.

녹색을 좋아하는 시어머니와 빨간색을 좋아하는 시아버지

녹색을 좋아하는 시어머니와 노란색을 좋아하는 아들, 빨간색을 좋아하는 시아버지의 성격 서열은 시어머니가 제일 높고, 아들이 두 번째, 시아버지가 세 번째다. 며느리는 노란색을 좋아하는 아들과 궁합이 맞는 파란색이나 보라색을 좋아하는 며느리가 들어올 확률이 높은데 파란색을 좋아하든 보라색을 좋아하든 며느리가 시어머니보다 성격 서열이 높아서 고부 간의 갈등이 생기게 된다. 반대로 빨간색을 좋아하는 시아버지보다 성격 서열이 낮아 며느리와 시아버지는 좋은 관계가 형성될 확률이 높고 며느리에게 사랑을 베푸는 시아버지가 될 확률이 높은 것이다. 빨간색을 좋아하는 시아버지에게 보라색을 좋아하는 며느리는 시아버지를 잘 따르나 파란색을 좋아하는 며느리는 시아버지를 무서워

한다.

파란색을 좋아하는 며느리는 고정관념과 틀에서 쉽게 벗어나지 못하는 시어머니가 좀 더 자유로운 생각을 할 수 있도록 이끌어주려고 한다. 세상은 변하지 않는 법과 규칙으로만 유지되고 있는 것이 아니며 법과 규칙을 새로운 형태로 바꿀 수 있다는 사실을 알려주려고 한다. 시어머니는 며느리가 예의가 없다고 생각한다. 시아버지의 열정적이고 신속한 행동이 계획을 쉽게 행동으로 옮기지 못하는 며느리를 당황하게 한다. 생각을 많이 하고 행동에 신중한 며느리가 생각하는 동안 시아버지는 거침없이 실행하고 결과를 얻기 때문에 며느리의 생각을 무용지물로 만든다. 며느리는 시아버지를 무서워한다.

보라색을 좋아하는 며느리는 의사결정에 있어 망설이며 대답을 늦게 하는 경향이 있다. 연기력이 좋아 자신의 마음을 보여주지 않는 며느리는 신속하고 솔직한 의사결정을 하는 시어머니를 답답하게 하고 화나게 만든다. 타인을 업신여기는 경우가 있는 며느리가 정의의 화신인 시어머니의 전투력을 자극하지만 훈계를 해도 표정의 변화가 없는 며느리의 속을 알 수가 없어 시어머니는 답답하기만 하다. 시아버지는 두 가지 마음을 가지고 있어 망설이는 며느리가 생각을 실행에 옮길 수 있도록 이끌어준다. 철학과 인정 사이에서 갈등하는 며느리에게 망설이는 것보다 행동하는 것이 좋을 수도 있다는 것을 알려준다. 자신의 마음을 잘 보여주지 않는 며느리가 좀 더 솔직하고 명랑해지도록 자극을 준다. 며느리는 시아버지가 친정아버지 같다.

파란색을 좋아하는 시어머니와 노란색을 좋아하는 시아버지

파란색을 좋아하는 시어머니와 녹색을 좋아하는 아들, 노란색을 좋아하는 시아버지의 성격 서열은 시어머니가 제일 높고, 아들이 두 번째, 시아버지가 세 번째다. 며느리는 녹색을 좋아하는 아들과 궁합이 맞는 보라색이나 빨간색을 좋아하는 며느리가 들어올 확률이 높은데 보라색을 좋아하든 빨간색을 좋아하든 시어머니보다 성격 서열이 높아서 고부간의 갈등이 생기게 된다. 반대로 노란색을 좋아하는 시아버지보다 성격 서열이 낮아 며느리와 시아버지는 좋은 관계가 형성될 확률이 높고 며느리에게 사랑을 베푸는 시아버지가 될 확률이 높다.

보라색을 좋아하는 며느리는 생각이 많아 신중하고 고집스러운 시어머니에게 현실감각을 찾을 수 있도록 가르치려고 한다. 인간미가 다소 부족한 시어머니에게 철학과 인정 사이에서 갈등하는 모습을 보여줌으로써 이상과 현실은 다른 것이라는 것을 가르쳐주려고 한다. 시어머니는 가르치려는 며느리가 밉다. 시아버지의 패기와 호탕함이 중요한 결정에서 망설이는 며느리를 할 말이 없게 만들고, 시아버지의 수많은 아이디어에 며느리가 고민하는 동안 시아버지는 신속한 의사결정으로 실행하고 결과를 얻지만, 며느리의 의사결정은 너무 늦어 시아버지에 도움이 되지 않는다. 며느리는 시아버지에게 순종한다.

빨간색을 좋아하는 며느리의 열정적이고 신속한 행동이 계획을 쉽게 행동으로 옮기지 못하는 시어머니를 당황스럽게 한다. 생각을 많이 하고 행동에 신중한 시어머니가 계획을 세우는 동안 며느리는 거침없이 실행하고 결과를 얻기 때문에 시어머니의 계획을 무용지물로 만든다. 시어머니는 그런 며느리를 예의가 없다고 생각한다. 시아버지는 정열적이지만 쉽게 식는 며느리가 용기를 잃지 않도록 의리로 지켜준다. 목표와 문제 해결 방법을 찾아 좌충우돌하는 며느리가 목표와 문제 해결 방법을 찾을 수 있도록 응원하고 인내심을 가지고 기다려준다. 며느리는 그런 시아버지가 좋다.

보라색을 좋아하는 시어머니와 녹색을 좋아하는 시아버지

보라색을 좋아하는 시어머니와 파란색을 좋아하는 아들, 녹색을 좋아하는 시아버지의 성격 서열은 시어머니가 제일 높고, 아들이 두 번째, 시아버지가 세 번째다. 며느리는 파란색을 좋아하는 아들과 궁합이 맞는 빨간색이나 노란색을 좋아하는 며느리가 들어올 확률이 높은데 빨간색을 좋아하든 노란색을 좋아하든 시어머니보다 성격 서열이 높아서 고부 간의 갈등이 생기게 된다. 반대로 녹색을 좋아하는 시아버지보다 성격 서열이 낮아 며느리와 시아버지는 좋은 관계가 형성될 확률이 높고 며느리에게 선생님 같은 시아버지가 될 확률이 높다.

빨간색을 좋아하는 며느리는 두 가지 마음을 가지고 있어 망설이는 시어머니가 생각을 실행에 옮길 수 있도록 이끌어주려고 한다. 철학과 인정 사이에서 갈등하는 시어머니에게 망설이는 것보다 행동하는 것이 좋을 수도 있다는 것을 알려주려고 한다. 자신의 마음을 잘 보여주지 않는 시어머니가 좀 더 솔직하고 명랑해지도록 자극을 주려고 한다. 시어머니는 자신에게 가르치려고 하는 며느리가 싫다. 정의를 지키려고 하는 시아버지는 두서없는 언행을 하고 후회하는 며느리에게 훈계한다. 관찰력이 좋은 시아버지는 며느리의 허점을 여지없이 지적하고 며느리의 생각 없는 언행을 지적한다. 일단 실행하고 보는 며느리가 시행착오를 겪는 동안 판단과 행동이 비교적 빠르고 논리적인 시아버지가 결과를 먼저 얻어 며느리의 시행착오를 헛수고로 만든다. 며느리는 시아버지가 무서운 선생님처럼 느껴진다.

노란색을 좋아하는 며느리의 패기와 호탕함이 중요한 결

정에서 망설이는 시어머니를 당황하게 한다. 며느리의 많은
아이디어에 시어머니가 고민하는 동안 며느리는 신속한 의
사결정으로 실행하고 결과를 얻지만, 시어머니의 의사결정
은 너무 늦어 며느리에게 도움이 되지 않는다. 시어머니는
며느리가 자신의 말을 잘 듣지 않고 제멋대로 행동하는 것
을 보면 머리가 아프다. 시아버지는 규칙이나 제도를 벗어나
려고 하는 며느리를 규칙이나 제도 안으로 이끌어준다. 아
이디어가 많고 자신의 마음 가는 대로 행동하는 며느리가
엉뚱한 방향으로 나아가지 않도록 바른길을 알려준다. 며느
리는 시아버지가 자상한 아버지로 느껴진다.

빨간색을 좋아하는 시어머니와 파란색을 좋아하는 시아버지

빨간색을 좋아하는 시어머니와 보라색을 좋아하는 아들,
파란색을 좋아하는 시아버지의 성격 서열은 시어머니가 제
일 높고, 아들이 두 번째, 시아버지가 세 번째다. 며느리는
보라색을 좋아하는 아들과 궁합이 맞는 노란색이나 녹색을
좋아하는 며느리가 들어올 확률이 높은데 노란색을 좋아하

든 녹색을 좋아하든 시어머니보다 성격 서열이 높아서 고부 간의 갈등이 생기게 된다. 반대로 파란색을 좋아하는 시아버지보다 성격 서열이 낮아 며느리에게 교수님 같은 시아버지가 될 확률이 높다.

노란색을 좋아하는 며느리는 정열적이지만 쉽게 식는 시어머니가 용기를 잃지 않도록 의리로 지켜주려고 하고 목표와 문제 해결 방법을 찾아 좌충우돌하는 시어머니가 목표와 문제 해결 방법을 찾을 수 있도록 응원하고 인내심을 가지고 기다려주려고 하지만 시어머니는 며느리가 자신을 가르치려고 하는 것 같아 기분이 나쁘다. 시아버지는 계획을 중요하게 생각하여 고집하므로 하고 싶은 대로 행동하는 며느리의 자유를 통제한다. 새로운 일에 깊게 생각해본 적이 없는 며느리는 생각을 많이 하고 진지하게 행동하는 시아버지가 어렵다고 느낀다.

녹색을 좋아하는 며느리의 정의를 지키려고 하는 일관성이 두서없는 언행을 하고 후회하는 시어머니를 이긴다. 관찰력이 좋은 며느리는 시어머니의 허점을 여지없이 지적하고 시어머니의 생각 없는 언행을 지적한다. 일단 실행하고 보는 시어머니가 시행착오를 겪는 동안 판단과 행동이 비교적 빠르고 논리적인 며느리가 결과를 먼저 얻어 시어머니의 시행착오를 헛수고로 만든다. 며느리는 시어머니를 당황스럽게 한다. 시어머니는 선생처럼 구는 며느리가 밉다. 시아버지는 고정관념과 틀에서 쉽게 벗어나지 못하는 며느리가 좀 더 자유로운 생각을 할 수 있도록 이끌어준다. 세상은 변하지 않는 법과 규칙으로만 유지되고 있는 것이 아니며 법과 규칙을 새로운 형태로 바꿀 수 있다는 사실을 알려준다. 며느리는 새로운 가능성을 제시하는 시아버지를 잘 따른다.

노란색을 좋아하는 시어머니와 보라색을 좋아하는 시아버지

노란색을 좋아하는 시어머니와 빨간색을 좋아하는 아들, 보라색을 좋아하는 시아버지의 성격 서열은 시어머니가 제일 높고, 아들이 두 번째, 시아버지가 세 번째다. 며느리는 빨간색을 좋아하는 아들과 궁합이 맞는 녹색이나 파란색을 좋아하는 며느리가 들어올 확률이 높은데 녹색을 좋아하든 파란색을 좋아하든 시어머니보다 성격 서열이 높아서 고부간의 갈등이 생기게 된다. 반대로 보라색을 좋아하는 시아버지보다 성격 서열이 낮아 며느리와 시아버지는 좋은 관계가 형성될 확률이 높고 며느리에게 인간적이고 따뜻한 시아버지가 될 확률이 높다.

녹색을 좋아하는 며느리는 규칙이나 제도를 벗어나려고 하는 시어머니를 규칙과 제도를 지키도록 설득시킨다. 아이디어가 많고 자신의 마음 가는 대로 행동하는 시어머니가 엉뚱한 방향으로 가는 것을 참지 못하고 바른길을 가도록 설득한다. 시어머니는 자신을 가르치려고 하는 며느리를 처벌한다. 며느리는 법대로 판단하는 것이 인정과 다를 수 있다는 것을 알려주고 자신의 마음을 보여주지 않는 것이 솔직한 것보다 더 나을 수 있다는 것을 알려주는 예술적 감성이 풍부한 시아버지에게 순종한다.

파란색을 좋아하는 며느리는 자신이 하고 싶은 대로 행동하는 시어머니에게 계획의 중요성을 설득시키려 하고 시어머니의 자유분방함을 통제하려 한다. 생각과 언행의 속도가 같은 시어머니에게 생각을 많이 하고 진지하게 행동하도록 설득하려다 시어머니를 화나게 한다. 시아버지는 생각이 많아 신중하고 고집스러운 며느리가 현실감각을 찾을 수 있도록 도와준다. 인간미가 다소 부족한 며느리에게 철학과 인정 사이에서 갈등하는 모습을 보여줌으로써 이상과 현실은 다른 것이라는 것을 알려준다. 며느리는 인정을 헤아리는 것이 생각을 많이 하는 것보다 나을 수 있다는 것을 알려주는 시아버지가 자상하게 느껴진다.

장인 장모와 사위의 갈등은 시부모와 며느리의 갈등과 비슷하다. 장인의 마음에 들면 장모 마음에 들지 않고, 장인의 마음에 들면 장모의 마음에 들지 않기 때문이다. 부모가 보기에 말 안 듣는 자식은 맘에 드는 배우자를 데려오고, 말 잘 듣는 자식은 마음에 들지 않는 배우자를 데려올 확률이 높다. 성격 서열이 자식보다 높은 부모는 못마땅한 자식의 배우자와 마지못해 결혼을 승낙하고는 "자식이 좋아하는 데 반대하면 무슨 소용이 있겠는가?"하고 스스로를 위로한다.

며느리와 시누이의 갈등

형제자매는 성격이 비슷하다. 그러나 형제자매의 배우자는 전혀 다른 성격의 소유자가 들어온다. 파란색을 좋아하는 오빠와 여동생의 경우를 예로 들면 오빠와 여동생은 성격이 비슷하다. 둘 다 파란색을 좋아하기 때문이다. 오빠는 빨간색이나 노란색을 좋아하는 새언니를 배우자로 맞이하게 되는데 이성 간에는 끌림이 있는 관계이지만 오빠와 성격이 비슷한 시누이와 며느리는 상극 관계다. 오빠는 새언니가 예쁘게 보이겠지만 새언니와 동성인 여동생은 성격이 새언니와 상극일 확률이 높아 다툼이 있을 확률도 높다. 며느리와 시누이는 성격상 친구가 되기 어려운 상극 관계일 확률이 높은 것이다.

며느리와 시누이가 상극의 관계라 하더라도 서로의 성격을 이해하면 나쁠 것도 없다. 며느리와 시누이의 장단점이 반대일 확률이 높기 때문에 서로 보완관계로 이해하면 좋은 관계가 될 수 있지만, 본능을 극복하기는 쉽지 않다.

조카를 돌보는 데 있어 이모는 잘 보살필 수 있지만, 고모는 잘 보살필 수 없다는 것이 사회통념이다. 전적으로 동감한다. 이모는 언니나 여동생이 선택한 배우자도 맘에 들고 자신의 성격을 반쯤 닮은 조카가 자식 같고 예쁘다. 고모는 자신과 반쯤 닮은 조카이지만 자신과는 상극인 새언니나 올케도 반쯤 닮아 조카가 예쁘지 않을 확률이 높다. 고모는 오빠나 남동생은 좋지만, 새언니나 올케를 좋아하지 않기 때문에 조카가 예쁘게 보이지 않을 확률이 높고, 잘 돌볼 수 없을 확률이 높은 것이다.

친구 간의 갈등

친구 사이는 나이가 같아서 나이로 인한 갈등은 없다. 친구는 비슷한 색깔을 좋아해야 할 것이다. 성격과 취향이 같아야 좋은 친구가 될 수 있는 것이다. 하지만 서로 좋아하는 색이 보색이어도 좋은 친구가 될 수 있다. 서로의 단점을 보완해주는 좋은 친구가 될 수 있기 때문이다. 그러나 보색을 좋아하는 친구가 사이좋게 지내기는 매우 어렵다. 성격이 반대이기 때문이다. 나이가 다른 친구라면 형제자매 이상의 친구는 있을 수 없을 것이다. 같은 부모에게 유전자를 받은 형제자매보다 공통점이 많은 친구를 만나기는 어렵다.

　나이가 같은 친구와의 갈등은 성격의 상극에서 나타난다. 파란색을 좋아하는 친구와 빨간색을 좋아하는 친구는 빨간색을 좋아하는 친구가 성격이 우위이다. 보라색을 좋아하는 친구와 노란색을 좋아하는 친구는 노란색을 좋아하는 친구가 성격이 우위다. 빨간색을 좋아하는 친구와 녹색을 좋아하는 친구는 녹색을 좋아하는 친구가 성격이 우위이다. 노란색을 좋아하는 친구와 파란색을 좋아하는 친구는 파란색을 좋아하는 친구가 성격이 우위이다. 녹색을 좋아하는 친구와 보라색을 좋아하는 친구는 보라색을 좋아하는 친구가 성격이 우위이다.

　한 가지 주의할 점이 있다면 수준이 비슷한 경우에 그렇다는 것이고, 수준의 높고 낮음이 서로 다르면 서열이 달라진다. 성격 서열은 수준 차이가 우선이므로 성격이 우위인 경우에도 수준이 낮다면 수준이 낮은 친구의 성격 서열이 낮고, 성격이 열위라도 수준이 높으면 수준이 높은 친구의 성격 서열이 높은 것이다. 친구 사이라 하더라도 부모의 경제력, 자신의 체력, 성적과 성격 서열이 서로 다르면 갈등이 생길 확률이 높다.

친구 간의 갈등은 자세하게 설명하지 않는다. 친구 간의 갈등을 설명하기에는 변수도 많고 경우의 수도 많아 너무 길어지기 때문이다. 갈등은 부부처럼 수준이 비슷한 경우에 설명이 잘 된다.

직원 간의 갈등

나이와 직위와의 갈등을 극복하는 방법은 이미 나와 있다. 나이와 직위의 우열이 다른 경우 갈등이 될 수 있는데 나이 적은 상사와 나이 많은 부하가 서로 존중하는 것으로 화해를 할 수 있기 때문이다.

나이와 성격의 갈등은 성격이 우위에 있어도 나이가 적으면 열위이므로 서로 우와 열이 하나씩 있으니 갈등이 생긴다. 성격의 우위와 나이의 우위가 충돌하는 모습이다. 예를 들면, 나이 많은 빨간색을 좋아하는 사람과 나이 적은 녹색을 좋아하는 사람이 만날 경우 나이에는 승복하나 성격에는 승복하지 못하는 문제가 있어 갈등이 생기는 것이라고 말할 수 있다.

직위와 성격과의 갈등은 직위가 낮은 사람의 일방적인 희생으로만 화해가 가능하다. 하지만 성격의 우위에 대한 이해가 있다면 화해가 가능해진다. 그러나 직위의 우위는 쉽게 알 수 있지만, 성격의 우위를 아는 것은 어렵다. 서로의 성격을 이해하고 성격의 상생, 상극을 이해하면 직위와 성격 사이의 갈등을 이해할 수 있다.

직원 사이는 나이, 직위와 성격 서열이 서로 다르면 갈등이 생길 확률이 높다. 직장에서 위계질서는 상사에 대한 부하 직원의 충성으로 성립된다. 나이와 직위는 서열이 어느 정도 비슷하고 나이와 직위의 갈등은 화해할 수 있어 생략한다. 성격이 비슷하고 좋아하는 색이 비슷한 경우도 갈등이 적어 설명을 생략한다. 직위와 성격 서열이 서로 다른 경우를 설명하면 다음과 같다.

상사가 성격 서열이 높은 경우

상사가 성격 서열이 부하 직원보다 높고 상생의 관계에 있을 때는 시너지 효과를 기대할 수 있지만, 상극의 관계에 있을 경우에는 부하 직원이 저평가받을 수 있다.

상사가 파란색을 좋아하고 부하 직원이 녹색을 좋아하는 경우

상사와 부하 직원은 상생의 관계로 갈등이 거의 없다. 상사는 고정관념과 틀에서 쉽게 벗어나지 못하는 부하 직원이 좀 더 자유로운 생각을 할 수 있도록 이끌어준다. 세상은 변하지 않는 법과 규칙으로만 유지되고 있는 것이 아니며 법과 규칙을 새로운 형태로 바꿀 수 있다는 사실을 알려준다. 상사는 성실한 부하 직원이 든든하고, 부하 직원은 상사를 고맙게 생각한다.

상사가 파란색을 좋아하고 부하 직원이 노란색을 좋아하는 경우

상사와 부하 직원은 상극의 관계이지만 갈등이 적다. 상사는 계획을 중요하게 생각하여 고집하므로 호기심이 많고 자신이 하고 싶은 대로 행동하는 부하 직원의 자유를 통제한다. 생각과 언행의 속도가 같은 부하 직원은 생각을 많이 하고 진지하게 행동하는 상사가 답답하지만 부하 직원은 상사에게 순종한다. 상사는 제멋대로 행동하는 부하 직원이 걱정스럽다.

상사가 보라색을 좋아하고 부하 직원이 파란색을 좋아하는 경우

상사와 부하 직원은 상생의 관계로 갈등이 거의 없다. 상사는 허황된 꿈을 꾸며 고집스러운 부하 직원이 현실감각을 찾을 수 있도록 도와준다. 인간미가 다소 부족한 부하 직원에게 이성과 인정 사이에서 갈등하는 모습을 보여줌으로써 이상과 현실은 다른 것이라는 것을 알려준다. 상사는 말 수

가 적고 조용한 성격의 부하 직원이 맘에 든다. 부하 직원은 인정으로 대하는 상사에게 정을 느낀다.

상사가 보라색을 좋아하고 부하 직원이 녹색을 좋아하는 경우

상사와 부하 직원은 상극의 관계이지만 갈등이 적다. 상사는 의사결정에 있어 망설이며 대답을 늦게 하는 경향이 있다. 연기력이 좋아 자신의 마음을 보여주지 않는 상사가 신속하고 솔직한 의사결정을 하는 부하 직원을 답답하게 하고 화나게 만든다. 부하 직원은 설명을 해도 잘 알아듣지 못하는 상사가 답답하다. 부하 직원은 상사에게 순종한다. 상사는 너무 솔직해서 비밀이 없는 부하 직원의 입이 가볍다고 생각한다.

상사가 빨간색을 좋아하고 부하 직원이 보라색을 좋아하는 경우

상사와 부하 직원은 상생의 관계로 갈등이 거의 없다. 상

사는 두 가지 마음을 가지고 있어 망설이는 부하 직원 생각을 실행에 옮길 수 있도록 이끌어준다. 철학과 인정 사이에서 갈등하는 부하 직원에게 망설이는 것보다 행동하는 것이 좋을 수도 있다는 것을 알려준다. 자신의 마음을 잘 보여주지 않는 부하 직원이 좀 더 솔직하고 명랑해지도록 자극을 준다. 상사는 비밀을 잘 지키는 부하 직원이 믿음직스럽다. 부하 직원은 열정적인 상사가 멋져 보인다.

상사가 빨간색을 좋아하고 부하 직원이 파란색을 좋아하는 경우

상사와 부하 직원은 상극의 관계이지만 갈등이 적다. 상사의 열정적이고 신속한 행동이 계획을 쉽게 행동으로 옮기지 못하는 부하 직원을 당황스럽게 만든다. 생각을 많이 하고 행동에 신중한 부하 직원이 계획을 세우는 동안 상사는 거침없이 실행하고 결과를 얻기 때문에 부하 직원의 계획을 무용지물로 만들지만 부하 직원은 상사에게 순종한다. 상사는 행동이 느린 부하 직원이 답답하다.

상사가 노란색을 좋아하고 부하 직원이 빨간색을 좋아하는
경우

상사와 부하 직원은 상생의 관계로 갈등이 거의 없다. 상
사는 정열적이지만 쉽게 식는 부하 직원이 용기를 잃지 않
도록 의리로 지켜준다. 목표와 문제 해결 방법을 찾아 좌충
우돌하는 부하 직원이 목표와 문제 해결 방법을 찾을 수 있
도록 응원하고 인내심을 가지고 기다려준다. 부하 직원은 상
사가 의리가 있다고 생각한다.

상사가 노란색을 좋아하고 부하 직원이 보라색을 좋아하
는 경우

상사와 부하 직원은 상극의 관계이고 갈등이 많다. 상사
의 패기와 호탕함이 중요한 결정에서 망설이는 부하 직원을
당황스럽게 만든다. 상사의 많은 아이디어에 부하 직원이 고
민하는 동안 상사는 신속한 의사결정으로 실행하고 결과를
얻지만, 부하 직원의 의사결정은 너무 늦어 상사에 도움이
되지 않는다. 부하 직원은 상사에게 순종하는 것처럼 보이지

만 남의 밑에서 일하는 것을 좋아하지 않으므로 스트레스를 받는다. 이런 경우 부하 직원이 나이가 많으면 문제가 적다. 갈등이 심할 경우 부하 직원은 사직을 생각한다.

상사가 녹색을 좋아하고 부하 직원이 노란색을 좋아하는 경우

상사와 부하 직원은 상생의 관계로 갈등이 거의 없다. 상사는 규칙이나 제도를 벗어나려고 하는 부하 직원을 규칙이나 제도 안으로 이끌어준다. 아이디어가 많고 자신의 마음 가는 대로 행동하는 부하 직원이 엉뚱한 방향으로 나아가지 않도록 바른길을 알려준다. 상사는 선배의 의견을 존중하는 부하 직원이 믿음직스럽다. 부하 직원은 부하 직원들에게 공평하고 고위층에도 할 말을 하는 상사에게 응원을 보낸다.

상사가 녹색을 좋아하고 부하 직원이 빨간색을 좋아하는 경우

상사와 부하 직원은 상극의 관계이지만 갈등이 적다. 상

사의 정의를 지키려고 하는 일관성이 두서없는 언행을 하고 후회하는 부하 직원을 이긴다. 관찰력이 좋은 상사는 부하 직원의 허점을 여지없이 지적하고 부하 직원의 생각 없는 언행을 지적한다. 일단 실행하고 보는 부하 직원이 시행착오를 겪는 동안 판단과 행동이 비교적 빠르고 관찰력이 좋고 논리적인 상사가 결과를 먼저 얻어 부하 직원의 시행착오를 헛수고로 만든다. 부하 직원은 관찰력이 좋고 논리적인 상사가 인정이 없다고 생각하지만 순종한다. 상사는 시행착오가 있더라도 일단 해봐야 아는 부하 직원이 못마땅하다.

상사가 성격 서열이 낮은 경우

상사가 성격 서열이 부하 직원보다 낮고 상생의 관계에 있을 때는 갈등이 적지만, 상극의 관계에 있을 경우에는 부하 직원과 갈등이 커질 수 있다.

상사가 파란색을 좋아하고 부하 직원이 보라색을 좋아하는 경우 상사와 부하 직원은 상생의 관계로 갈등이 적다. 부하 직원은 실현 가능성이 적은 꿈을 꾸며 고집스러운 상사가 현실감각을 찾을 수 있도록 도와주려고 노력한다. 인간미가 다소 부족한 상사에게 이성과 인정 사이에서 갈등하는 모습을 보여줌으로써 이상과 현실은 다른 것이라는 것을 알려주려고 한다. 상사는 부하 직원이 인정이 있다고 생각한다.

상사가 파란색을 좋아하고 부하 직원이 빨간색을 좋아하는 경우

상사와 부하 직원은 상극의 관계로 갈등이 많다. 부하 직원의 열정적이고 신속한 행동이 계획을 쉽게 행동으로 옮기지 못하는 상사를 당황스럽게 만든다. 생각을 많이 하고 행동에 신중한 상사가 계획을 세우는 동안 부하 직원은 거침없이 실행하고 작은 결과라도 얻기 때문에 성과를 내기까지 시간이 걸리는 상사의 계획은 가치가 떨어진다. 상사는 공들여 만든 자신의 계획을 초라하게 만드는 부하 직원이 원망스럽다. 부하 직원은 신중해서 좀처럼 행동하려고 하지 않는 상사가 답답하고, 부하 직원은 그런 상사 밑에서 근무하는 것이 힘들다.

상사가 보라색을 좋아하고 부하 직원이 빨간색을 좋아하는 경우

상사와 부하 직원은 상생의 관계로 갈등이 적다. 부하 직원은 두 가지 마음을 가지고 있어 망설이는 상사가 생각을 실행에 옮길 수 있도록 이끌어주려고 한다. 이성과 인정 사이에서 갈등하는 상사에게 망설이는 것보다 행동하는 것이 좋을 수도 있다는 것을 알려주려고 한다. 자신의 마음을 잘 보여주지 않는 상사가 좀 더 솔직하고 명랑해지도록 자극을 준다. 상사는 부하 직원이 용기가 있다고 생각한다.

상사가 보라색을 좋아하고 부하 직원이 노란색을 좋아하는 경우

상사와 부하 직원은 상극의 관계로 갈등이 많다. 부하 직원의 패기와 호탕함이 중요한 결정에서 망설이는 상사를 당

황스럽게 만든다. 부하 직원의 많은 아이디어에 상사가 고민하는 동안 부하 직원은 신속한 의사결정으로 실행하고 결과를 얻지만, 상사의 의사결정은 너무 늦다. 부하 직원은 시간을 끌면서 눈치를 많이 살피는 상사에게 불만이 있다. 상사는 허락을 받지 않고 제멋대로 행동하는 부하 직원이 못마땅하고, 부하 직원은 망설이는 상사 밑에서 일하는 것이 힘들다.

상사가 빨간색을 좋아하고 부하 직원이 노란색을 좋아하는 경우

상사와 부하 직원은 상생의 관계로 갈등이 적다. 부하 직원은 정열적이지만 쉽게 식는 상사가 용기를 잃지 않도록 의리로 지켜주려고 노력한다. 목표와 문제 해결 방법을 찾아 좌충우돌하는 상사가 목표와 문제 해결 방법을 찾을 수 있도록 응원하고 인내심을 가지고 기다려주려고 한다. 상사는 부하 직원이 의리가 있다고 생각한다.

상사가 빨간색을 좋아하고 부하 직원이 녹색을 좋아하는
경우

상사와 부하 직원은 상극의 관계로 갈등이 많다. 부하 직원의 정의를 지키려고 하는 일관성이 두서없는 언행을 하고 후회하는 상사를 이긴다. 관찰력이 좋은 부하 직원은 상사의 허점을 여지없이 지적하고 상사의 생각 없는 언행을 지적한다. 일단 실행하고 보는 상사가 시행착오를 겪는 동안 판단과 행동이 비교적 빠르고 관찰력이 좋고 논리적인 부하 직원이 결과를 먼저 얻어 상사의 시행착오를 헛수고로 만든다. 부하 직원은 즉흥적인 상사의 의견에 동의할 생각이 없다. 상사는 해보지도 않고 잘난 체하는 부하 직원이 못마땅하고, 부하 직원은 생각 없이 행동하는 상사 밑에서 근무하는 것이 힘들다.

상사가 노란색을 좋아하고 부하 직원이 녹색을 좋아하는
경우

상사와 부하 직원은 상생의 관계로 갈등이 적다. 부하 직원은 규칙이나 제도를 벗어나려고 하는 상사를 규칙이나 제도 안으로 이끌어주려고 노력한다. 아이디어가 많고 자신의 마음 가는 대로 행동하는 상사가 엉뚱한 방향으로 나아가지 않도록 바른길을 알려주려고 노력한다. 상사는 상사에게도 할 말을 하는 부하 직원이 당돌하지만 솔직하다고 생각한다.

상사가 노란색을 좋아하고 부하 직원이 파란색을 좋아하는 경우

상사와 부하 직원은 상극의 관계로 갈등이 많다. 부하 직원은 계획을 중요하게 생각하여 고집하므로 호기심이 많고 자신이 하고 싶은 대로 행동하는 상사의 자유를 견제한다. 생각과 언행의 속도가 같은 상사는 생각을 많이 하고 진지하게 행동하는 부하 직원이 답답하다. 부하 직원은 제멋대로 행동하는 상사의 미래가 걱정스럽고 함께 일하면 미래가 밝지 않다고 생각한다.

상사가 녹색을 좋아하고 부하 직원이 파란색을 좋아하는 경우

상사와 부하 직원은 상생의 관계로 갈등이 적다. 부하 직원은 고정관념과 틀에서 쉽게 벗어나지 못하는 상사가 좀 더 자유로운 생각을 할 수 있도록 자극을 준다. 세상은 변하지 않는 법과 규칙으로만 유지되고 있는 것이 아니며 법과 규칙을 새로운 형태로 바꿀 수 있다는 사실을 알려주려고 한다. 부하 직원은 상사가 성실하지만, 상상력이 부족하다고 생각한다. 상사는 부하 직원이 행동은 느리지만 신선한 생각으로 자극을 준다고 생각한다.

상사가 녹색을 좋아하고 부하 직원이 보라색을 좋아하는 경우

상사와 부하 직원은 상극의 관계로 갈등이 많다. 부하 직원은 의사결정에 있어 망설이며 대답을 늦게 하는 경향이 있다. 연기력이 좋아 자신의 마음을 보여주지 않는 부하 직원이 신속하고 솔직한 의사결정을 하는 상사를 답답하게 하

고 화나게 만든다. 상사는 설명을 해도 잘 알아듣지 못하는 부하 직원이 답답하다. 부하 직원은 너무 솔직해서 비밀이 없는 상사의 입이 가볍다고 생각한다. 부하 직원은 경쟁자에게 불리한 사실도 이야기하는 상사가 인정받지 못할 거라고 생각하고 자신을 답답하다고 생각하는 상사 밑에서는 같이 일하기가 어렵다고 생각한다.

궁합

궁합의 의미는 무엇일까? 궁합은 결혼생활을 잘 하기 위한 전제조건이다. 그런데 궁합의 의미를 이야기할 때 부부가 만나 행복하게 살면 궁합이 좋고 부부가 살다가 싸우고 헤어지면 궁합이 나쁘다고 한다. 이혼 사유에서 가장 높은 비율을 차지하는 성격 차이가 없어야 좋은 궁합이라고 설명하는 경우가 있다. 인간의 진화를 부정하는 설명이다.

저자가 생각하는 궁합은 다르다. 궁합은 사랑의 감정이 생길 수 있는 연인의 조건이다. 결혼은 생존 경쟁력이 우수한 자식을 낳기 위해서 하는 것이다. 결혼은 사랑이 전제조건이다. 사랑은 서로 다름에 대한 끌림이다. 인간이 서로 비슷한 유전자와 성격에 끌린다면 형제자매와 결혼하고 싶어 할 것이다. 하지만 형제자매에게는 강력한 사랑의 감정이 생기지 않는다. 인간은 자연에서 살아남기 위하여 자신에게 없는 우수한 형질을 가진 이성을 선택하여 더 나은 자식을 낳아야만 했고, 자식들 중 부모의 우수한 형질을 많이 받은 자식이 생존에 유리하였다. 이러한 자연선택이 인간이 진화하는 동안 본능으로 남았기 때문에 자신과 다른 우수한 유전자를 가진 이성에게 끌리는 것이다. 서로 다른 우수한 유전자를 가진 연인은 성격 차이가 있는 것이 당연하다. 성격 차이가 있어야 궁합이 좋고 성격 차이가 있어도 싸우지 않는 천생연분과 달리 성격 차이가 없어서 싸우지 않는 연인은 좋은 궁합이 아니다. 성격 차이가 없어서 싸우지 않는 연인은 서로 다른 우수한 유전자를 가지고 있지 않아 사랑의 감정을 느끼지 못하고 생존 경쟁력이 우수한 자식을 낳을 확률이 낮다.

궁합은 남녀의 성격이 반대일 때 궁합이 좋은 경우가 많다. 자신의 짝을 만나면 사랑의 감정이 생겨난다. 사랑의 감정은 뇌에서 분비되는 도파민에 때문에 생겨난다. 도파민이 분비되면 도파민 수용체가 반응을 하고, 눈에는 콩깍지가 씌워진다. 도파민 수용체에서 발생하는 사랑의 감정이 아주 강력하기 때문에 눈에 콩깍지가 씌워지는 것이다.

콩깍지가 씌워졌다면 고민할 필요가 없다. 그 상대가 바로 자신의 짝이니까. 하지만 확실한 감정이 생기지 않았을 때는 자신의 짝인지 궁합이 맞는지 알 수 없다.

좋아하는 색을 맞춰보면 자신의 짝을 찾을 수 있다. 거짓말이 아니라면 말이다. 성격의 유전자 지표인 좋아하는 색으로 궁합을 보는 것이다. 연인은 보색으로 만나야 좋다. 보색이 아니라도 자신이 좋아하는 색과 멀수록 좋다. 사랑에 관련된 것으로 같은 색을 좋아하는 비슷한 성격과는 사랑의 감정을 느끼게 하는 물질인 도파민이 뇌에서 잘 생기지 않는다. 그래서 사랑을 케미스트리(화학반응)라고 말하는 사람도 있다. 색상환에서 자신이 좋아하는 색의 반대쪽에 있는 색이 자신의 짝일 확률이 높다.

보편적으로 남자는 똑똑한 자식을 잘 낳고 잘 길러줄 것

같은 여자에게 사랑을 느끼고, 여자는 자신이 자식을 낳아 기르는 동안 자신과 자식을 지켜줄 수 있는 남자에게 사랑을 느낀다. 남자의 경우 머리가 좋고, 미인이고, 아기를 잘 키울 수 있는 가슴과 아이를 잘 낳을 수 있는 허리와 엉덩이를 가진 몸매를 소유한 여자를 보면 섹시하게 느낀다. 여자의 경우 머리가 좋고, 미남이며, 튼튼한 신체의 소유자로 돈이 많고 지위가 높은 남자일수록 섹시하게 보인다. 하지만 이것이 전부는 아니다. 자신과 비슷한 성격과 유전자를 가진 이성에게는 끌리지 않는다. 자신과 다른 성격과 유전자를 가진 이성에게 끌린다. 자신과 비슷한 성격과 유전자는 집안에 형제자매로 존재하지만 서로 결혼하지 않는다. 성격과 유전자가 비슷한 형제자매는 윤리적인 문제를 제외한다고 하더라도 이성으로서 매력이 없다.

자신의 연인을 찾기 어렵다면 좋아하는 색으로 찾을 수 있다. 연인이 좋아하는 연인 색은 자신이 좋아하는 색의 보색과 가까운 색이다.

빨간색을 좋아하는 남자의 짝은 녹색이나, 청록색이나, 파란색을 좋아하는 여자이다. 노란색을 좋아하는 남자의 짝은 파란색이나, 남색이나, 보라색을 좋아하는 여자이다. 녹색을 좋아하는 남자의 짝은 보라색이나, 자주색이나, 빨간색을 좋아하는 여자이다. 파란색을 좋아하는 남자의 짝은 빨간색이나, 주황색이나, 노란색을 좋아하는 여자이다. 보라색을 좋아하는 남자의 짝은 노란색이나, 연두색이나, 녹색을 좋아하는 여자이다.

본인과 연인이 좋아하는 색과 서열은 다음과 같다.

본인이 좋아하는 색	연인이 좋아하는 색		
	성격 서열 없음	성격 서열 우위	성격 서열 열위
빨간색	청록색	녹색	파란색
노란색	남색	파란색	보라색
녹색	자주색	보라색	빨간색
파란색	주황색	빨간색	노란색
보라색	연두색	노란색	녹색

연인 색이 아닌 색을 좋아하는 이성에게는 사랑의 감정이 잘 생기지 않는다. 결혼했다면 배우자에게 좋아하는 색을 물어보기 바란다. 많은 분이 위에서 설명한 경우 중 하나일 것이다. 동성은 상극의 성격과 만나면 사이가 좋지 않지만, 연인은 상극으로 만나야 사랑의 감정이 생길 확률이 높다. 좀 웃기지만 사실이다. 연인은 상극으로 만날 확률이 높기 때문에 성격 차이가 있을 확률도 높다. 연인 사이의 갈등은 연인 사이에 성격 서열이 있을 때 발생한다.

빨간색을 좋아하는 사람의 궁합

빨간색을 좋아하는 사람의 배우자가 녹색을 좋아하는 사람일 경우에 성격의 우위가 녹색을 좋아하는 사람에게 있다. 빨간색을 좋아하는 배우자가 나이가 많으면 다툼이 많고, 녹색을 좋아하는 배우자가 나이가 많으면 다툼이 적지만 빨간색을 좋아하는 배우자가 눌려 사는 상극이 발생한다.

빨간색을 좋아하는 사람의 배우자가 청록색일 경우 성격

의 우위가 없어 갈등이 없다. 최고의 궁합 중의 하나가 아닐
수 없다.

빨간색을 좋아하는 사람의 배우자가 좋아하는 색이 파란
색일 경우에 성격의 우위가 빨간색을 좋아하는 사람에게 있
다. 빨간색을 좋아하는 배우자가 나이가 많으면 다툼이 적
다. 그러나 빨간색을 좋아하는 배우자가 나이가 많으면 상
극이 발생한다.

노란색을 좋아하는 사람의 궁합

노란색을 좋아하는 사람의 배우자가 보라색을 좋아하는
사람일 경우에 성격의 우위가 노란색을 좋아하는 사람에게
있다. 노란색을 좋아하는 배우자가 나이가 많으면 다툼이
적다. 그러나 노란색의 배우자가 나이가 많으면 보라색의 배
우자가 눌려 사는 상극이 발생한다.

노란색을 좋아하는 사람의 배우자가 좋아하는 색이 남색
일 경우 성격의 우위가 없어 갈등이 없다. 최고의 궁합 중의

하나다.

노란색을 좋아하는 사람의 배우자가 좋아하는 색이 파란색일 경우에 성격의 우위가 파란색을 좋아하는 사람에게 있다. 파란색을 좋아하는 배우자가 나이가 많으면 다툼이 적다. 그러나 파란색을 좋아하는 배우자가 나이가 많으면 상극이 발생한다.

녹색을 좋아하는 사람의 궁합

녹색을 좋아하는 사람의 배우자가 빨간색을 좋아하는 사람일 경우에 성격의 우위가 녹색을 좋아하는 사람에게 있다. 녹색을 좋아하는 배우자가 나이가 많으면 다툼이 적다. 그러나 녹색의 배우자가 나이가 많으면 빨간색의 배우자가 눌려 사는 상극이 발생한다.

녹색을 좋아하는 사람의 배우자가 좋아하는 색이 자주색일 경우 성격의 우위가 없어 갈등이 없다. 최고의 궁합 중의 하나다.

녹색을 좋아하는 사람의 배우자가 좋아하는 색이 보라색일 경우에 성격의 우위가 보라색을 좋아하는 사람에게 있다. 보라색을 좋아하는 배우자가 나이가 많으면 다툼이 적다. 그러나 보라색을 좋아하는 배우자가 나이가 많으면 상극이 발생한다.

파란색을 좋아하는 사람의 궁합

파란색을 좋아하는 사람의 배우자가 노란색을 좋아하는 사람일 경우에 성격의 우위가 파란색을 좋아하는 사람에게 있다. 파란색을 좋아하는 배우자가 나이가 많으면 다툼이 적다. 그러나 파란색의 배우자가 나이가 많으면 노란색의 배우자가 눌려 사는 상극이 발생한다.

파란색을 좋아하는 사람의 배우자가 좋아하는 색이 주황색일 경우 성격의 우위가 없어 갈등이 없다. 최고의 궁합 중의 하나다.

파란색을 좋아하는 사람의 배우자가 좋아하는 색이 빨간

색일 경우에 성격의 우위가 빨간색을 좋아하는 사람에게 있다. 빨간색을 좋아하는 배우자가 나이가 많으면 다툼이 적다. 그러나 빨간색을 좋아하는 배우자가 나이가 많으면 상극이 발생한다.

보라색을 좋아하는 사람의 궁합

보라색을 좋아하는 사람의 배우자가 녹색을 좋아하는 사람일 경우에 성격의 우위가 보라색을 좋아하는 사람에게 있다. 보라색을 좋아하는 배우자가 나이가 많으면 다툼이 적다. 그러나 보라색의 배우자가 나이가 많으면 녹색의 배우자가 눌려 사는 상극이 발생한다.

보라색을 좋아하는 사람의 배우자가 좋아하는 색이 연두색일 경우 성격의 우위가 없어 갈등이 없다. 최고의 궁합 중의 하나다.

보라색을 좋아하는 사람의 배우자가 좋아하는 색이 노란색일 경우에 성격의 우위가 노란색을 좋아하는 사람에게 있다. 노란색을 좋아하는 배우자가 나이가 많으면 다툼이 적다. 그러나 노란색을 좋아하는 배우자가 나이가 많으면 상극이 발생한다.

최고의 궁합

가장 좋은 궁합으로 생각하고 있는 것은 남녀가 보색(반대색)으로 만나는 궁합이다. 사랑하면 생기는 도파민도 많이 생긴다. 보색은 서로 보완관계에 있으며, 우열이 없다. 보색으로 만나면 검은색 또는 흰색을 좋아하는 자식이 나올 수 있으며, 자식마다 좋아하는 색이 다를 수 있어, 최고의 궁합으로 설명하는 것이다. 다양한 유전자를 확보하려고 노력하는 것은 인간의 본능 중에서 가장 중요한 것이다.

최고의 궁합인 좋아하는 색이 보색인 궁합 몇 가지를 살펴보면 다음과 같다.

빨간색(남) + 청록색(여)

남자의 열정적인 사랑을 여자가 헌신적으로 지켜준다. 명예롭고 여유로운 생활 속에서 베푸는 삶을 살기를 바란다.

노란색(남) + 남색(여)

남자가 뚝심 있게 키워 나가는 사업을 여자가 현명하게 이끌어준다. 명예를 얻기 바라며, 풍요로운 삶을 살기를 바란다.

녹색(남) + 자주색(여)

남자의 의지를 여자가 사랑으로 감싸준다. 명예로운 생활 속에서 여유로운 삶을 살기를 바란다.

파란색(남) + 주황색(여)

남자의 계획을 여자가 따르며 열정적으로 지원한다. 명예롭고 윤리적인 생활을 하며 풍족한 삶을 살기를 바란다.

보라색(남) + 연두색(여)

남자의 꿈과 사랑을 여자가 믿음으로 지켜준다. 명예와 재물이 충만한 생활을 영위하며 걱정 없는 삶을 살기를 바란다.

가업의 유전자와 자식의 유전자

가업의 유전자는 가문을 일으킨 조상과 관련이 있다. 할아버지가 가업을 일으켰다면 가업은 할아버지 성격과 적성에 맞는 유전자를 가진 것이라고 할 수 있다. 가업의 분야, 설립 취지, 가치관, 주력 상품, 회사 운영 방침 등은 창업자의 성격과 적성이 고스란히 담겨 있어 가업의 유전자라고 해도 지나치지 않다.

가업을 일으킨 할아버지의 유전자는 자식에게 온전히 유전되지 않고 50%만 유전된다. 할아버지는 자신과 똑같은 유전자를 가진 자식을 낳을 수 없다. 자식은 부친과 모친의 유전자를 반반씩 받기 때문이다. 부자는 3대를 유지하기 힘들다. 부자 1대의 유전자는 세대를 거듭할수록 유전자가 줄어들기 때문이다. 10대를 내려가면 부자 1대의 유전자는 1%로 줄어들게 된다. 가업을 지키기가 힘들어진다.

가업을 지키는 방법

가업을 지키려면 가업을 일으킨 조상과 유전자는 같지 않더라도 성격과 적성이 비슷한 자손이 출생한다면 유지가 가능하다.

우리나라 대표적인 대기업인 삼성, LG, 현대의 기업 유전자는 첨단 기술에 적성이 있는 삼성의 경우 창업주는 파란색을 좋아하는 관상을 가졌으며, 기업도 인재를 모아 기르고 육성하는데 중심을 두고, 첨단과 제일을 지향하는 창업주의 유지를 계승하고 있다. 생활가전에 적성이 있는 LG는 창업주가 빨간색을 좋아하는 관상을 가졌으며, 기업도 그에 맞게 생활가전에 적성이 있다. 현대의 경우 창업주가 노란색을 좋아하는 관상을 가졌으며, 기업도 그에 맞게 건설기계 조선에 적성이 있다. 경영이 2세대 3세대로 내려갈수록 창업주의 적성과는 거리가 있는 후손이 나타날 것이다. 창업주의 유지를 계승하며 기업을 유지시키는 후손이 계속해서 나타난다면 좋겠지만 그렇지 않은 경우도 있을 것이다. 기업을 발전시키려면 기업의 유전자를 훼손하지 않고 발전시킬 수 있는 경영자가 계속해서 나타나야 하는 것이다.

일본의 경우 오랜 기간 가업을 지켜온 가문이 많이 있다. 그러나 그들은 자신의 후손에게 직접 가업을 물려주지 않고, 가장 재능 있는 직원을 수제자로 지목하여 입양하는 방법으로 가업을 유지하였다는 사실을 알아야 할 것이다. 일본인들은 유전자를 물려준 후손에게 가업을 물려주지 않고 가업을 유지하고 발전시킬 수 있는 인재에게 가업을 물려주었기 때문에 가업을 유지할 수 있었던 것이다. 유전자를 준 후손에게만 물려준 가업은 오랜 기간 유지할 수 없었을 것이다.

가업을 유지하는 방법을 성격의 유전으로 설명할 수 있다.

일반적으로 자식은 부모의 유전자를 반반씩 받지만 새로운 성격으로 태어나게 된다. 자식이 며느리나 사위를 맞아 손주를 낳게 되면 할아버지와 할머니의 성격 중 하나를 닮을 확률이 높다. 자식이 어떤 성격의 소유자와 결혼하느냐에 따라 손주의 성격이 할아버지 성격을 닮거나 할머니 성격을 닮는 것이다. 자식이 배우자를 잘 선택하면 가업을 유지할 수 있는 창업주 할아버지의 성격과 적성을 닮은 손주를 낳을 수 있는 것이다. 할아버지의 자식은 할아버지의 성격 반을 닮기 때문에 할아버지와 상생의 관계가 되어 가업의 유전자를 지킬 수 있는 적성과 성격을 갖지만 손주의 성격은 어떤 성격의 며느리가 들어오는가에 따라 크게 달라진다.

창업주가 파란색을 좋아하고 자식이 보라색을 좋아하는 경우
창업주가 빨간색을 좋아하는 배우자를 만나 보라색을 좋아하는 자식을 낳았다. 자식이 녹색을 좋아하는 배우자를 얻으면 창업주의 성격과 닮아 가업을 잘 이끌어나갈 파란색을 좋아하는 손주를 낳아줄 확률이 높지만, 노란색을 좋

아하는 배우자를 얻으면 창업주의 성격과 상극인 빨간색을 좋아하는 손주를 낳아줄 확률이 높아 가업을 이어나가기가 어려워진다.

창업주가 보라색을 좋아하고 자식이 파란색을 좋아하는 경우
창업주가 녹색을 좋아하는 배우자를 만나 파란색을 좋아하는 자식을 낳았다. 자식이 빨간색을 좋아하는 배우자를 얻으면 창업주의 성격과 닮아 가업을 잘 이끌어나갈 보라색을 좋아하는 손주를 낳아줄 확률이 높지만, 노란색을 좋아하는 배우자를 얻으면 창업주의 성격과 상극인 녹색을 좋아하는 손주를 낳을 확률이 높아 가업을 이어나가기가 어려워진다.

창업주가 빨간색을 좋아하고 자식이 보라색을 좋아하는 경우
창업주가 파란색을 좋아하는 배우자를 만나 보라색을 좋아하는 자식을 낳았다. 자식이 노란색을 좋아하는 배우자를 얻으면 창업주의 성격과 닮아 가업을 잘 이끌어나갈 빨

간색을 좋아하는 손주를 낳아줄 확률이 높지만, 녹색을 좋아하는 배우자를 얻으면 창업주의 성격과 상극인 파란색을 좋아하는 손주를 낳을 확률이 높아 가업을 이어나가기가 어려워진다.

창업주가 노란색을 좋아하고 자식이 빨간색을 좋아하는 경우

창업주가 보라색을 좋아하는 배우자를 만나 빨간색을 좋아하는 자식을 낳았다. 자식이 녹색을 좋아하는 배우자를 얻으면 창업주의 성격과 닮아 가업을 잘 이끌어나갈 노란색을 좋아하는 손주를 낳아줄 확률이 높지만, 파란색을 좋아하는 배우자를 얻으면 창업주의 성격과 상극인 보라색을 좋아하는 손주를 낳을 확률이 높아 가업을 이어나가기가 어려워진다.

창업주가 녹색을 좋아하고 자식이 노란색을 좋아하는 경우

창업주가 빨간색을 좋아하는 배우자를 만나 노란색을 좋아하는 자식을 낳았다. 자식이 파란색을 좋아하는 배우자

를 얻으면 창업주의 성격과 닮아 가업을 잘 이끌어나갈 녹색을 좋아하는 손주를 낳아줄 확률이 높지만, 보라색을 좋아하는 배우자를 얻으면 창업주의 성격과 상극인 빨간색을 좋아하는 손주를 낳을 확률이 높아 가업을 이어나가기가 어려워진다.

자녀의 적성

　부모들은 자녀의 적성을 잘 모르기 때문에 자녀가 어떤 분야에 적성이 있는지 찾기 위해서 노력한다. 그리고 자녀의 적성을 찾기 위하여 많은 비용을 지출한다. 부모는 경제적인 부담으로 힘들지만, 자녀는 자녀대로 힘들다. 자녀는 자신의 적성하고 맞을지도 모르는 여러 학원을 다녀야 하기 때문이다. 성장기 자녀의 적성을 알기 어렵다. 성격과 적성이 완성되지 않았기 때문이다. 성인이 되었을 때 비로소 신체능력과 성격이 완성되어 성격과 적성을 알 수 있는데 신체능력과 성격이 완성되기 전에는 성격과 적성을 알기 어렵다.

　대학을 지원할 때 학과 선택은 학생의 의견보다 부모의

의견이 더 많이 반영된다. 성격 전문가는 자신의 성격을 제대로 알고 있는 사람들이 많지 않다고 한다. 부모 중에서도 자신의 성격을 잘 알지 못하는 사람들이 많은데 자녀의 적성을 잘 이해하는 부모가 많다고 할 수 없다. 많은 사람들이 자녀의 성격과 적성을 제대로 파악하지 못하고 자녀의 진로를 선택하게 하는 경우가 있는 것이다. 부모가 자녀의 적성을 제대로 이해하고 진로를 정해주지 못했다면 문제가 될 수 있다.

자녀의 적성을 판단하기 위한 좋은 방법이 있다. 부모의 성격과 적성을 정확하게 조사할 수 있다면 자녀의 성격과 적성을 어느 정도 예측할 수 있다. 성격과 적성이 완성되지 않은 성장기 자녀를 대상으로 적성을 찾으려고 애쓰는 것보다 부모의 성격과 적성을 파악하면 자녀의 적성을 예측할 수 있는 것이다. 성격과 적성은 유전되는 것이다. 부모에게서 유전자를 반씩 받았다면 성격과 적성도 반씩 받은 것이다. 반씩 받았기 때문에 자녀의 성격과 적성은 부모와 다르다. 자녀의 성격과 적성이 부모와 비슷할 거라고 생각할 수

있지만, 자녀의 성격과 적성은 부모와 전혀 다르게 나타날
수 있다.

부모의 성격을 비교하면 자녀의 성격을 예측할 수 있다. 부
모가 좋아하는 색을 비교하면 자녀가 좋아할 확률이 높은
색을 예측할 수 있다. 부모가 좋아하는 색과 자녀가 좋아하
는 색은 "성격의 유전"에서 이미 설명하였다. 부모가 빨간색
과 파란색을 좋아하면 자녀는 보라색을 좋아할 확률이 높다.
보라색을 좋아하는 자녀의 성격과 적성은 부모와 다르다.

"7가지 성격"에서 설명한 것처럼 빨간색과 파란색과 보라
색을 좋아하는 사람의 성격은 서로 다르다. 성격이 다르므로
적성이 다르고 적성에 맞는 직업 분야가 달라진다.

직업

직업은 수가 많다. 같은 직업도 분야가 다르고 하는 일도 다 다르다. 공무원도 직렬이 있고 직렬이 같더라고 근무하는 조직이 다르고 하는 일도 다른 경우가 많다. 과연 공무원에 대한 적성을 이야기할 때 어떤 사람이 공무원에 적성이 없다고 해야 하는 지 알 수 없다. 공무원은 적성이 없는 사람이 없다. 다른 직업도 마찬가지다. 서비스업이라고 하더라도 지식을 서비스하는 직업인지 예술을 서비스하는 직업인지 음식을 서비스하는 직업인지 의복을 서비스하는 직업인지 주택을 서비스하는 직업인지에 따라 적성이 달라진다. 서비스업에 적성이 없는 사람이 도대체 없다. 제조업도 마찬가지다. 지식을 제조하는 업체인지 예술품을 제조하는 업체인지 음식을 제조하는 업체인지 의복을 제조하는 업체인지 주택을 제조하는 업체인지에 따라 적성이 달라진다. 적성의 구분을 학문 분야로 분류하면 어느 정도 부합된다.

흰색

돈보다 더 중요한 가치가 있다. 윤리적이고 희생할 수 있는 직업이 좋다. 의료, 교육, 문학, 종교, 철학 분야에 적성이 있다. 윤리를 중요하게 생각하지 않고 돈을 밝히는 직업은 좋지 않다.

검은색

돈에 가치가 있다. 수단과 방법을 중요하게 생각하지 않는 직업이 좋다. 문학, 철학, 종교, 체육(격투기) 분야에 적성이 있다. 윤리와 희생을 강조하는 직업은 좋지 않다.

빨간색

감정을 많이 사용하는 직업이 좋다. 어학, 미술, 무용, 음악, 동물 분야에 적성이 있다. 머뭇거리는 것을 싫어하므로 계획을 세울 때 생각을 많이 하는 직업은 좋지 않다.

노란색

체력을 많이 사용하는 직업이 좋다. 체육, 과학, 건축, 음악, 무용, 음식, 의학 분야에 적성이 있다. 골치 아픈 것을 싫어하고 현재에 만족하는 성격이 있어 성공하는데 시간이 많이 필요하거나 미래를 약속하는 직업은 좋지 않다.

녹색

머리와 체력을 사용하는 직업이 좋다. 교육, 수학, 과학, 건축, 기계, 체육, 약학, 식물 분야에 적성이 있다. 관찰력이 좋고 불의를 보면 참지 못하는 성격이 있어 노력한 것과 대가가 다르게 나오는 직업은 좋지 않다.

파란색

머리를 많이 사용하는 직업이 좋다. 문학, 철학, 종교, 법학, 교육, 수학, 경제학 분야에 적성이 있다. 생각하는 데 에너지를 주로 사용하기 때문에 체력이 많이 소모되는 직업은 좋지 않다.

보라색

머리와 감정을 사용하는 직업이 좋다. 언론, 미술, 무용, 음악 분야에 적성이 있다. 예술적 감성이 풍부하기 때문에 예술과 관련된 직업이 좋다. 개인적이고 자기중심적이기 때문에 혼자 하는 직업이 좋고, 조직에 속해서 단체생활을 하는 직업은 좋지 않다.

PART 3

정권의 순환법칙과
역대 대통령이 좋아하는 색

    정권은 바뀐다. 정권교체에는 법칙이 있다. 역사의 시작은 장군이 정권을 잡고 왕이 되는 것이다. 장군은 노란색을 좋아한다. 장군의 칼이 녹슬고 제멋대로 하는 정치에 실망한 대중은 정의의 화신인 녹색을 좋아하는 사람을 지지한다. 현실에 만족한 대중은 미래를 제시하는 파란색을 좋아하는 사람을 지지한다. 인간미가 없는 미래지향적인 정치에 식상한 대중은 안정을 추구하고 인정이 있는 보라색을 좋아하는 사람을 지지한다. 추진력이 없고 결과물이 없는 정치에 신물이 난 대중은 추진력 있고 열정적인 빨간색을 좋아하는 사람을 지지한다. 말만 앞세우는 정치에 실망한 대중은 실천을 이야기하는 노란색을 좋아하는 사람을 지지한다. 그런데 정권이 바뀌는 중간에 어김없이 등장하여 잠시라도 정권을 잡는 사람이 있다. 보라색을 좋아하는 사람이다. 관상에서는 보라색을 좋아하는 관상을 토형 관상으로 분류하고 귀하게 타고난 관상이라고 설명한다. 정권 순환의 법칙을 그림으로 그리면 다음과 같다.

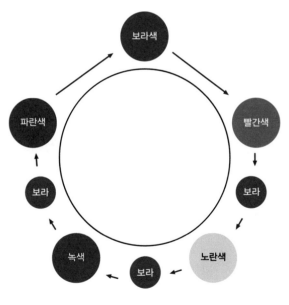

정권 순환의 법칙

대한민국 대통령이 좋아하는 색을 조사해보면 위에서 설명한 법칙이 매우 정확하다는 것을 알 수 있다. 이승만 대통령부터 좋아하는 색을 나열하면 다음과 같다.

이승만 대통령(파란색) → 윤보선 대통령(보라색) → 박정희 대통령(빨간색) → 최규하 대통령(보라색) → 전두환 대통령(노란색) → 노태우 대통령(노란색) → 김영삼 대통령(보라색) → 김대중 대통령(녹색) → 노무현 대통령(보라색) → 이명박 대통령(파란색) → 박근혜 대통령(보라색) → ?

차기 대통령은 누가 될까? 누구인지는 몰라도 무슨 색깔을 좋아하는 어떤 성향인 분이 대통령이 될지는 예상이 가능하다. 국민들이 박근혜 대통령이 정치를 잘했다고 생각한다면 박근혜 대통령과 성격이 비슷한 보라색을 좋아하는 분이 대통령이 될 것이고, 국민들이 박근혜 대통령이 정치를 잘 못 했다고 생각한다면 빨간색을 좋아하는 열정적인 분이 대통령이 될 것이다.

이승만 대통령(파란색)

이승만 대통령은 학자의 성품을 가진 파란색을 좋아하는 분으로 보인다. 프란체스카 여사가 강아지를 좋아하는 빨간색을 좋아하는 분으로 보이기 때문이다.

윤보선 대통령(보라색)

토형 관상을 가진 윤보선 대통령은 보라색을 좋아하는 분으로 보인다. 텃밭을 유난히 사랑했던 공덕귀 여사가 녹색을 좋아하는 분으로 보이기 때문이다.

박정희 대통령(빨간색)

박정희 대통령은 화형 관상으로 열정적이고 끊임없는 변신을 하는 빨간색을 좋아하는 분으로 보인다. 육영수 여사는 학자의 성품을 타고 나는 목형 관상의 파란색을 좋아하는 분으로 보이고, 딸인 박근혜 대통령이 조용하고 차분한 성격을 타고 나는 토형 관상이기 때문이다.

최규하 대통령(보라색)

최규하 대통령은 토형 관상으로 말 수가 적고, 조용한 성격이고 중요한 순간에 신중함이 있는 분이기 때문에 보라색을 좋아하는 분으로 보인다.

전두환 대통령(노란색)

전두환 대통령은 강인한 신체와 장군의 성품을 타고 나는 금형 관상이다. 후배들을 챙기는 의리가 있어 노란색을 좋아하는 분으로 보인다.

노태우 대통령(노란색)

노태우 대통령의 딸은 정의로운 녹색을 좋아하는 금형 관상이고, 사위는 열정적인 빨간색을 좋아하는 화형 관상이다. 손녀가 사관학교에 입학한 것으로 봐서 노태우 대통령은 노란색을 좋아하는 분으로 보인다.

김영삼 대통령(보라색)

김영삼 대통령은 토형 관상으로 보라색을 좋아하는 분으로 보인다. 소고기를 좋아하는 더운 몸을 타고난 분이다. 학자의 성품을 타고나는 파란색을 좋아하는 목형 관상인 아들이 있고, 녹색을 좋아하는 금형 관상의 손명순 여사가 있기 때문이다.

김대중 대통령(녹색)

죽음의 문턱에서도 불의에 굽히지 않은 정의의 화신으로 좋아하는 색은 녹색으로 보인다. 관상도 금형 관상이다. 의리가 있는 아들이 있다.

노무현 대통령(보라색)

노무현 대통령의 상징색이 왜 노란색인지 이해할 수가 없다. 노란색을 좋아하는 것으로 보이는 분은 권양숙 여사이기 때문이다. 권양숙 여사의 선택으로 노무현 대통령의 상징색이 정하여졌을 거라는 생각을 해본다. 노무현 대통령은 말을 느리게 하는 분으로 보라색을 좋아하는 분으로 보인다. 노란색을 좋아하는 금형 관상을 가진 권양숙 여사가 있기 때문이다.

이명박 대통령(파란색)

이명박 대통령이 좋아하는 색은 파란색으로 보인다. 마른 체형에 고집이 센 성격이기 때문이다. 상냥하고 사교적이고 명랑한 김윤옥 여사는 빨간색을 좋아하는 분으로 보인다.

박근혜 대통령(보라색)

열정적인 빨간색을 좋아하는 화형 관상을 가진 아버지와 학자의 성품을 타고나 파란색을 좋아하는 목형 관상의 육영수 여사를 어머니로 두었고, 말 수가 적고 마음을 잘 보여주지 않으며 차분하게 연설하는 박근혜 대통령은 보라색을 좋아하는 토형 관상으로 보인다.

미국의 대통령이 좋아하는 색

　자료가 부족해 어려웠고 정확하다고 말할 수는 없지만 관상과 정치 성향을 보고 미국의 대통령들의 성격을 파악할 수 있었다. 정권의 순환 법칙은 동서양이 비슷한 것으로 보인다. 대중들의 마음은 미국이나 대한민국이나 크게 차이가 없다는 것을 알 수 있었다. 미국인도 동양의 문화인 관상을 적용할 수 있다는 사실을 발견하였고, 관상과 정치 성향으로 미국 대통령이 좋아하는 색을 알아보았다. 대중들이 같은 성향의 대통령을 중복해서 지지한 시기가 있음을 알 수 있었다. 미국의 차기 대통령은 정의의 화신인 녹색을 좋아하는 분이 대통령이 될 확률이 높다.

구분	성명	좋아하는 색
1	조지 워싱턴(George Washington)	노란색
2	존 애덤스(John Adams)	보라색
3	토머스 제퍼슨(Thomas Jefferson)	녹색
4	제임스 매디슨(James Madison)	보라색
5	제임스 먼로(James Monroe)	파란색
6	존 퀸시 애덤스(John Quincy Adams)	보라색
7	엔드루 잭슨(Andrew Jackson)	빨간색
8	마틴 밴뷰런(Martin Van Buren)	보라색
9	윌리엄 해리슨(William Henry Harrison)	노란색
10	존 타일러(John Tyler, 해리슨 사망으로 계승)	노란색
11	제임스 포크(James Knox Polk)	노란색
12	재커리 테일러(Zachary Taylor)	노란색
13	밀러드 필모어(Millard Fillmore, 테일러 사망으로 계승)	보라색
14	프랭클린 퍼어스(Franklin Pierce)	녹색
15	제임스 뷰캐넌(James Buchanan)	보라색
16	에이브러햄 링컨(Abraham Lincoln)	파란색
17	앤드루 존슨(Andrew Johnson, 링컨 사망으로 계승)	보라색
18	율리시스 그랜트(Uiysses S. Grant)	빨간색
19	러더퍼드 헤이즈(Rutherford B. Hayes)	보라색
20	제임스 가필드(James A. Garfield)	노란색
21	체스터 아서(Chester A. Arthur, 가필드 사망으로 계승)	보라색
22	그로버 클리블랜드(Grover Cleveland)	보라색

23	밴저민 해리슨(Benjamin Harrison)	녹색
24	그로버 클리블랜드(Grover Cleveland)	보라색
25	윌리엄 매킨리(William McKinley)	파란색
26	시어도어루스벨트(Theodore Roosevelt, 매킨리 사망으로 계승)	보라색
27	윌리엄 하워드 태프트(William Howard Taft)	보라색
28	우드로 윌슨(Woodrow Wilson)	빨간색
29	워런 하딩(Warren G. Harding)	보라색
30	캘빈 쿨리지(Calvin Coolidge)	노란색
31	허버트 후버(Herbert C. Hoover)	노란색
32	프랭클린 루스벨트(Franklin D. Roosevelt)	녹색
33	해리 트루먼(Harry S. Truman)	녹색
34	드와이트 아이젠하워(Dwight D. Eisenhower)	녹색
35	존 케네디(John F. Kennedy)	녹색
36	린든 존슨(Lyndon B. Johnson, 케네디 사망으로 계승)	보라색
37	리처드 닉슨(Richard Milhous Nixon)	파란색
38	제럴드 포드(Gerald R. Ford)	파란색
39	지미 카터(Jimmy Carter)	보라색
40	로널드 레이건(Ronald Reagan)	빨간색
41	조지 부시(George Bush)	빨간색
42	빌 클린턴(Willam J. Clinton)	보라색
43	조지 부시 2세(George W. Bush Jr.)	노란색
44	버락 오바마(Barack Hussein Obama)	보라색

뇌의 3층 구조와 문화

인간이 만들어 놓은 문화의 종류는 헤아릴 수 없을 정도로 많다. 하지만 그 많은 문화도 사람의 성격을 알면 더 쉽게 이해할 수 있다. 각각의 문화가 담고 있는 의미는 인간에게 주는 만족감의 의미와 같다. 문학, 예술, 스포츠가 인간에게 필요한 이유이기도 하다.

산은 산이요 물은 물이로다

시조의 운율은 3434, 3444, 3543이고, 민요조는 34, 44, 85, 75조를 말한다. 우리 민족은 34, 44, 85, 75조를 가장

좋아한다.

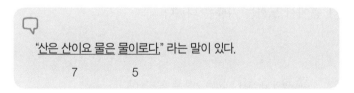

나보기가 역겨워 가실 때에는
　　　7　　　　　5
팔월이라 한가위는 달도 밝구나
　　　8　　　　　5

75조, 85조의 7과 8은 다시 34조와 44조로 나누어지는 것이다.

성철 스님의 말씀 중에

"산은 산이요 물은 물이로다." 라는 말이 있다.
　　7　　　　　5

사람들이 이 말씀에 감동하는 이유는 산은 양의 대명사요 물은 음의 대명사이니 남자와 여자를 대입해도 말이 되고, 너와 나, 남편과 아내, 해와 달 등 음양으로 표현할 수 있는 모든 것을 대입해도 말이 된다. 거기다가 우리 민족이 가장 좋아하는 75조 운율을 타고 있기 때문이다.

이성의 뇌는 음양이 포함하는 무궁무진한 가능성에 감동하고, 감정의 뇌는 75조의 운율에 감동하고, 생명의 뇌는 "산은 산 물은 물"이라는 무대포 정신이 녹아있는 단순한 반복에 감동하는 것이다.

기쁨

기쁨을 느끼는 부위는 뇌다. 뇌는 3층 구조로 되어 있다. 각 층에서 느끼는 기쁨은 다르다.

1층(생명의 뇌)에서 느끼는 기쁨은 즐거움이다.
2층(감정의 뇌)에서 느끼는 기쁨은 사랑이다.
3층(이성의 뇌)에서 느끼는 기쁨은 희망이다.

결혼을 하면 즐거움과 사랑과 희망을 모두 느낄 수 있다.

배우자와 함께 할 수 있는 것은 즐거움이고, 보고 있어도 보고싶은 것이 사랑이고, 아이를 낳을 수 있다는 것은 희망이다. 결혼은 즐거움과 사랑과 희망을 동시에 느끼는 최고의 쾌락이다.

슬픔

슬픔을 느끼는 부위는 뇌다. 뇌는 3층 구조로 되어 있다. 각 층에서 느끼는 슬픔은 다르다.

> 1층(생명의 뇌)에서 느끼는 슬픔은 분노다.
> 2층(감정의 뇌)에서 느끼는 슬픔은 슬픔이다.
> 3층(이성의 뇌)에서 느끼는 슬픔은 절망이다.

분노와 슬픔과 절망이 함께 온다면 인간은 살 수 없다. 배신으로 생긴 분노와 사랑을 지킬 수 없는 슬픔과 희망이 없어져버린 절망이 함께 온다면 어떻게 살 수 있겠는가?

사람은 살아가면서 느끼는 분노와 슬픔과 절망을 극복할 때 한 층 더 성숙해진다.

배신으로 분노를 느끼지 않는 사람은 없을 것이다. 배신을 보고 분노를 느끼면 자신의 수명만 줄어든다. 나에게 분노를 주었던 사람은 나만 기억하는 것이 아니다. 많은 사람들이 기억하기 때문에 다시 배신할 기회는 많지 않을 것이다.

사랑하는 사람과 헤어질 때 슬픔을 느끼지 않는 사람은 없을 것이다. 연인과 헤어질 때는 헤어지는 연인에게 감사의 마음을 가져야 한다. 아무나 줄 수 없는 강력한 사랑의 감정을 주었기 때문에 그렇다. 사랑의 감정은 소중하다. 언제 다시 느낄 수 있을지 알 수 없기 때문이다.

희망이 사라져버릴 때 절망을 느끼지 않는 사람은 없을 것이다. 절망을 느꼈다면 자신의 희망이 너무 크지 않았는지 살펴보고 얼마나 노력하였는지 반성할 일이다. 희망의 사이즈를 줄이면 절망의 사이즈도 줄어든다. 욕심이 줄어드는 것이다.

생각을 바꾸면 인생을 건강하게 살 수 있다.

권력

권력은 집단의 의사를 결정하는 단체나 사람이다. 권력의 원천은 세 가지다.

> 첫째는 힘이다.
> 둘째는 지식이다.
> 셋째는 돈이다.

힘이 최고인 사람은 군인, 경찰, 체육인이다. 지식이 최고인 사람은 종교인, 법조인, 학자다. 돈이 최고인 사람은 기업인, 상인이다.

힘, 지식, 돈을 중요하게 생각하는 사람은 누구인가? 뇌의 3층 구조를 이해하면 권력의 원천을 이해할 수 있다.

> 생명의 뇌가 발달한 사람은 힘을 중요하게 생각한다.
>
> 이성의 뇌가 발달한 사람은 지식을 중요하게 생각한다.
>
> 감정의 뇌가 발달한 사람은 돈을 중요하게 생각한다.

힘, 지식, 돈 중에서 두 가지 이상을 가지고 있다면 아주 강한 권력이 된다. 대한민국은 가장 많은 돈을 가지고 있으면서 학계와 법조계를 통제하는 재벌이 가장 권력이 센 단체라고 말할 수 있다.

상과 벌

상이라 함은 타의 모범을 보여주었을 때 주어지는 보상이다. 상은 어떻게 주는 것이 가장 효과적일까? 아무렇게나 주는 것은 정답이 아니다.

파란색을 좋아하는 사람은 상장을 중요하게 생각한다.

빨간색을 좋아하는 사람은 많은 사람이 참석하는 시상식

을 중요하게 생각한다.

노란색을 좋아하는 사람은 상품을 중요하게 생각한다.

녹색을 좋아하는 사람은 상장과 상품을 중요하게 생각한다.

보라색을 좋아하는 사람은 상장과 시상식을 중요하게 생각한다.

시상에 있어 모든 사람을 만족시키려면 상장과 상품과 시상식이 있어야 한다.

벌이라 함은 규칙을 위반하였을 때 주어지는 징계다. 벌은 어떻게 주는 것이 가장 효과적일까?

파란색을 좋아하는 사람은 징계 사실을 기록하는 것을 경계한다.

빨간색을 좋아하는 사람은 많은 사람들에게 알려지는 것을 경계한다.

노란색을 좋아하는 사람은 체벌을 경계한다.

녹색을 좋아하는 사람은 징계사실을 기록하는 것과 체벌을 경계한다.

보라색을 좋아하는 사람은 징계사실을 기록하는 것과 많

은 사람들에게 알려지는 것을 경계한다.

벌에 있어 모든 사람들에게 경각심을 주기 위해서는 징계 사실을 기록하고 체벌하며 체벌 사실을 많은 사람들에게 알려야 하는 것이다.

농악과 음악

농악의 악기는 꽹과리, 장고, 북, 소고, 태평소, 징으로 구성되어 있다. 상쇠는 농악을 리드한다. 날카로운 꽹과리의 금속음이 이성의 뇌를 깨운다. 가슴을 울리는 장고, 북과 태평소의 미어지는 소리는 감정의 뇌를 자극한다. 징소리의 반복이 생명의 뇌를 반응하게 한다.

가요에 있어서도 마찬가지다. 생명의 뇌를 반응하게 하는 저음과 감정의 뇌를 자극하는 중음과 이성의 뇌를 자극하는 고음이 있어야 완성되는 것이다. 여기에는 다시 박자가 관여한다. 빨라지면 재미있고 느려지면 재미없다.

음악은 뇌의 3층 구조를 감동시키는 요소가 있어야 완성되는 것이다.

영화

영화는 분야가 있다. 멜로, 코미디, 로맨틱 코미디, 액션, 서부극, 갱스터, 누와르, 스릴러, 미스터리, 모험, 공포, 전쟁, 탐정, 공상과학, 판타지 등 다양한 장르가 있다.

영화의 장르는 뇌의 3층 구조 중에서 어느 부위를 만족시켜주는가에 따라서 달라진다. 이성의 뇌를 만족시켜주는 대표적인 장르는 탐정, 공상과학이고, 감정의 뇌를 만족시켜주는 장르는 멜로, 모험이고, 생명의 뇌를 만족시켜주는 장르는 코미디와 액션이다.

영화의 흥행에 있어 천만 관객이 넘는 영화를 보라! 천만 관객이 넘는 영화에는 역사적 사실에 근거한 스토리가 있고, 가슴 아픈 사랑이 있고, 통쾌한 액션이 있다.

영화는 뇌의 3층 구조를 감동시키는 요소가 있어야 완성되는 것이다.

소설

소설도 마찬가지다. 소설도 영화처럼 뇌의 3층 구조를 만족시켜 주는 요소가 있어야 감동이 커진다. 이성의 뇌를 만족시키는 추리소설이나, 감정의 뇌를 만족시키는 연애소설, 생명의 뇌를 만족시키는 폭력을 주제로 한 소설은 독자 확보에 한계가 있음을 알아야 한다. 다양한 성격을 가진 독자들의 공감대를 크게 형성하려면 실제에 가까운 스토리와 가슴을 안타깝게 하는 연애와 통쾌한 액션이 있어야 한다. 베스트셀러의 하나인 김홍신 작가의 "인간시장"을 보라 세 가지 요소가 다 들어 있다. 적어도 한 가지 이상은 가지고 있어야 제대로 된 소설이 되는 것이다.

아이돌 그룹

잘 나가는 아이돌 그룹을 보면 느끼는 것이 있다. 그룹의 멤버의 성격이 다른 멤버와 구별되어 겹치지 않는 다양한 캐릭터로 구성되어 있다는 것이다. 물론 노래가 좋아야 하겠지만, 대중들의 지지를 많이 받기 위해서는 다양한 성격의 소유자들로 팀을 구성할수록 팬이 많아진다는 것을 알 수 있다. 팬은 자신이 좋아하는 멤버가 정해져 있고 다른 팬과 다르기 때문이다.

성격의 지표 다섯 가지 색으로 설명하자면 빨간색, 노란색, 녹색, 파란색, 보라색을 좋아하는 성격을 가진 멤버가 하나씩 있어 5명으로 아이돌 그룹을 만든다면 팬 입장에서는 자신이 이성으로 좋아할 수 있는 멤버가 하나는 존재하게 된다. 불특정 다수의 팬이 모두 좋아할 수 있는 완벽한 멤버의 구성이라고 할 수 있다.

다섯 명은 아니지만 요즘 인기가 뜨거운 걸스데이 멤버 소진, 유라, 민아, 혜리의 관상을 보고 성격을 분석해보면 다음과 같다.

소진의 웃는 모습을 보면 입이 많이 웃고 있어 녹색을 좋아하는 관상으로 보이고, 유라는 정열적인 빨간색, 민아는 여유 있는 보라색, 혜리는 팔다리가 길어 보여 파란색을 좋아하는 관상으로 보인다. 녹색, 빨간색, 보라색, 파란색의 성격이 공존하기 때문에 다양한 성격의 팬이 좋아할 수 있어 많은 인기를 확보할 수 있는 멤버 구성이 되는 것이다. 물론 다 마음에 드는 사람도 있겠지만, 사람마다 특별히 더 마음에 드는 멤버가 있다는 뜻이다.

씨스타 멤버 소유, 보라, 다솜, 효린의 성격을 분석해보면 다음과 같다.

소유는 솔직한 성격으로 녹색을 좋아하는 관상을 가졌고, 보라는 생각이 많고 고집이 있는 파란색 관상을 가졌다. 다솜은 조용한 성격에 다소곳한 보라색 관상을 가졌고, 효린은 노래하는 모습이 정열적이어서 빨간색을 좋아하는 관상을 가졌다. 녹색, 파란색, 보라색, 빨간색의 성격이 공존하기 때문에 다양한 매력을 발산하는 씨스타도 많은 사람들의 인기를 확보할 수 있는 멤버의 구성으로 볼 수 있다.

상품

사람은 성격마다 상품을 선택하는 기준이 다르지만, 자신이 좋아하는 색상을 선택할 확률이 높다. 그렇기 때문에 상품을 생산할 경우 빨간색, 노란색, 녹색, 파란색, 보라색을 염두에 두고 생산해야 한다.

성격에 따라 상품에 가치를 두는 부분도 다르다. 빨간색을 좋아하는 사람은 최근 유행하는 예쁜 상품을 선호하고, 노란색을 좋아하는 사람은 품질과 가격이 최고인 명품을 선호하고, 녹색을 좋아하는 사람은 가격대비 품질이 좋은 동급최강을 선호하고, 파란색은 의미 있는 상품을 선호하고, 보라색을 좋아하는 사람은 예술적 감각이 있는 상품을 선호한다. 상품을 개발할 때에도 사람들의 성격을 고려한다면 다양하면서도 성격과 취향에 맞는 상품을 개발할 수 있다.

음식

음식도 성격을 고려하여야 한다. 기본 메뉴에 맵고, 짜고, 시고, 달고의 정도를 손님들의 취향에 맞게 선택할 수 있게 하면 좋다. 레스토랑에서 스테이크를 주문할 때를 생각하면

손님들의 취향이 다르다는 사실을 알 수 있다. 음식의 가격
도 단계별로 다양하게 선택할 수 있게 하는 것도 중요하다.

영업

영업을 할 때 상대방의 성격을 파악하지 못하면 성공확률
이 적지만 상대방의 성격을 파악하면 성공확률이 높아진다.

빨간색을 좋아하는 사람에게는 설명을 조금하고 의견을
많이 들어주어야 하고, 노란색을 좋아하는 사람에게는 왕처
럼 대접하고 최고의 상품을 먼저 권하는 것이 좋다. 녹색을
좋아하는 사람에게는 동급최강을 먼저 설명하고 스스로 선
택할 수 있도록 권하지 말아야 한다. 파란색을 좋아하는 사
람에게는 상품이 가지고 있는 의미를 설명하고 스스로 선택
하도록 특정 상품을 권하지 않는 것이 좋다. 보라색을 좋아
하는 사람에게는 예술적 감각이 있는 상품을 권하되 쉽게
결정을 내리지 못하니 인내심을 가지고 기다리는 것이 좋다.

관상과 성형

사람들은 자웅선택의 유리한 위치를 확보하고자 성형을 한다.

과연 성형이 더 좋은 배우자를 찾는 데 효과적인지는 생각을 해봐야 한다.

관상은 유전자지표다. 우리가 동물이나 식물을 구별할 때 외모를 보고 구별하는 것처럼 사람도 외모를 보고 유전자의 특징을 이해한다.

관상은 타고난 유전자지표인데 성형으로 고치면 자신의 천생연분 반쪽이 자신을 잘 찾지 못한다.

자신의 배우자는 외모에 나타난 유전자지표를 보고 자신을 찾을 수 있기 때문이다.

이성을 만나 사랑을 느끼면 무얼 보고 사랑을 느끼는 것일까?

당연히 관상이다. 외모에 나타난 유전자지표를 보고 사랑을 느끼는 것이다. 외모에 유전자와 성격과 적성의 지표가 나타나 있기 때문이다.

자신이 생각하기에 예쁜 성형이 자신을 망칠 수 있다.

왜냐하면, 자신이 성형한 얼굴이 자신의 유전자와는 다른 유전자 지표일 수 있기 때문이다.

자신의 정체성을 상대방이 잘못 판단하게 할 수도 있는 것이다.

64가지 성격과 주역

좋아하는 색은 일종의 유전자의 표현형이며, 성격이며 적성이다. 이성, 감정, 생명 중 어느 것이 더 강하게 나타나는 유전자를 가졌는가에 따라 좋아하는 색이 다르다.

빛의 삼원색은 빨간색(紅), 녹색(綠), 파란색(靑)이며 양의 기운이고, 물체 색의 삼원색은 빨간색(紅), 노란색(黃), 파란색(靑)이며 음의 기운이다. 이 둘의 조화로 나타난 결과를 색상환으로 배치할 수 있는 것이다. 빛의 삼원색과 물체 색의 삼원색을 음양으로 나누어 각각의 삼원색을 구성하는 색의 강약을 조합하면 64가지의 표현형을 얻을 수 있다.

> 색의 "강"은 "색이름"으로 색의 "약"은 "-"으로 표현하였다. 64는 주역의 수학이다. 주역의 완벽함에 경의를 표한다.

좋아하는 색 풀이와 주역의 역점 풀이를 비교했을 때 비슷한 부분이 없다. 그럼에도 불구하고 좋아하는 색 풀이와 주역의 역점 풀이와의 관계는 앞으로 연구해볼 만한 가치가 있다고 생각한다.

빛과 물체 색의 삼원색 조합에 의한 64가지 성격

빛 물체색	청홍녹 ≡	-홍녹 ☱	청-녹 ☲	--녹 ☳	청홍- ☴	-홍- ☵	청-- ☶	--- ☷
청홍황 ≡	청홍녹 청홍황 ≡≡ 1	-홍녹 청홍황 ☱≡ 43	청-녹 청홍황 ☲≡ 14	--녹 청홍황 ☳≡ 34	청홍- 청홍황 ☴≡ 9	-홍- 청홍황 ☵≡ 5	청-- 청홍황 ☶≡ 26	--- 청홍황 ☷≡ 11
-홍황 ☱	청홍녹 -홍황 ≡☱ 10	-홍녹 -홍황 ☱☱ 58	청-녹 -홍황 ☲☱ 38	--녹 -홍황 ☳☱ 54	청홍- -홍황 ☴☱ 61	-홍- -홍황 ☵☱ 60	청-- -홍황 ☶☱ 41	--- -홍황 ☷☱ 19
청-황 ☲	청홍녹 청-황 ≡☲ 13	-홍녹 청-황 ☱☲ 49	청-녹 청-황 ☲☲ 30	--녹 청-황 ☳☲ 55	청홍- 청-황 ☴☲ 37	-홍- 청-황 ☵☲ 63	청-- 청-황 ☶☲ 22	--- 청-황 ☷☲ 36
--황 ☳	청홍녹 --황 ≡☳ 25	-홍녹 --황 ☱☳ 17	청-녹 --황 ☲☳ 21	--녹 --황 ☳☳ 51	청홍- --황 ☴☳ 42	-홍- --황 ☵☳ 3	청-- --황 ☶☳ 27	--- --황 ☷☳ 24
청홍- ☴	청홍녹 청홍- ≡☴ 44	-홍녹 청홍- ☱☴ 28	청-녹 청홍- ☲☴ 50	--녹 청홍- ☳☴ 32	청홍- 청홍- ☴☴ 57	-홍- 청홍-- ☵☴ 48	청-- 청홍- ☶☴ 18	--- 청홍- ☷☴ 46
-홍- ☵	청홍녹 -홍- ≡☵ 6	-홍녹 -홍- ☱☵ 47	청-녹 -홍- ☲☵ 64	--녹 -홍- ☳☵ 40	청홍- -홍- ☴☵ 59	-홍- -홍- ☵☵ 29	청-- -홍- ☶☵ 4	--- -홍- ☷☵ 7
청-- ☶	청홍녹 청-- ≡☶ 33	-홍녹 청-- ☱☶ 31	청-녹 청-- ☲☶ 56	--녹 청-- ☳☶ 62	청홍- 청-- ☴☶ 53	-홍- 청-- ☵☶ 39	청-- 청-- ☶☶ 52	--- 청-- ☷☶ 15
--- ☷	청홍녹 --- ≡☷ 12	-홍녹 --- ☱☷ 45	청-녹 --- ☲☷ 35	--녹 --- ☳☷ 16	청홍- --- ☴☷ 20	-홍- --- ☵☷ 8	청-- --- ☶☷ 23	--- --- ☷☷ 2

타고난 유전자에 따라 좋아하는 색깔과 적성이 다르다. 각각의 좋아하는 색에 따른 적성과 부모복과 좋은 배우자를 설명하면 다음과 같다. 앞쪽 세 개는 빛(양)이고, 뒤쪽 세 개는 물체 색(음)이다.

청홍녹청홍황

양과 음이 가득 찼다. 표현형은 흰색+검은색이다(회색이 아니다). 완벽함의 극치이다. 무슨 일이든 잘 할 수 있으며, 못하는 것이 없다. 명예가 아주 높고, 재물복도 아주 많다. 명예와 부를 동시에 이룰 수 있다. 직업은 어떤 직업이라도 최고의 자리에 오를 수 있다. 부모복이 아주 많다. 어떤 배우자라도 잘 어울린다.

양과 음에서 모두 빠져 있다. 표현형이 없다. 명예와 재물복이 없다. 부모복이 없다. 지식과 재물복이 아주 많은 흰색+검은색의 배우자를 만나면 좋다.

-홍---황

양에서 홍이 음에서 황이 있다. 표현형은 주황색이다. 지식이 있다. 열정적이며 체력이 있다. 명예가 있고, 재물 복이 있다. 부모복이 적다. 지식이 많거나 재물복이 많은 파란색의 배우자를 만나면 좋다.

청---홍-

양에서 청이 음에서 홍이 있다. 표현형은 보라색이다. 이성적이다. 지식이 있고 사교적이다. 명예와 재물복이 있다. 부모복이 적다. 지식과 재물복이 많은 연두색의 배우자를 만나면 좋다.

-홍-청홍황

양에서 녹, 청이 없다. 표현형은 빨간색이다. 열정이 있다. 지식이 있고 사교적이며 체력이 있다. 명예가 적고, 재물복이 많다. 부모복이 많다. 현명하고 정의로운 청록색의 배우자를 만나면 좋다.

청홍녹-홍-

음에서 황, 청이 빠져 있다. 표현형은 빨간색이다. 이성적이고 열정이 있으며 정의롭다. 지식이 아주 많고 사교적이다. 명예가 높고, 재물복이 있다. 부모복이 많다. 재물복이 많은 청록색의 배우자를 만나면 좋다.

----홍-

양에서 모두 빠져 있고 음에서 홍이 있다. 표현형은 빨간색이다. 사교적이다. 명예는 없고, 재물복이 있다. 부모복이 없다. 지식이 아주 많고 재물복이 많은 청록색의 배우자를 만나면 좋다.

-홍----

양에서 홍이 있다. 표현형은 빨간색이다. 열정적이다. 지식이 있다. 명예가 있고, 재물복이 없다. 부모복이 없다. 지식이 많고 재물복이 아주 많은 청록색의 배우자를 만나면 좋다.

청홍-청홍황

양에서 녹이 빠져 있다. 표현형은 보라색이다. 이성적이며 열정이 있고, 지식이 많으며 사교적이고 체력이 있다. 명예는 높고, 재물복이 아주 많다. 부모복이 아주 많다. 욱하는 성격이 있는 연두색의 배우자를 만나면 좋다.

청홍녹-홍황

음에서 청이 하나 빠져 있다. 표현형은 주황색이다. 이성적이며 열정이 있고 정의롭다. 지식이 아주 많으며 사교적이고 체력이 강하다. 명예가 아주 높고, 재물복도 많다. 부모복이 아주 많다. 현명한 파란색의 배우자를 만나면 좋다.

---청홍황

양에서 모두 빠져 있고 음에서 모두 있다. 표현형은 검은색이다. 사교적이며 체력이 있다. 명예가 없고, 재물복이 아주 많다. 부모복이 있다. 지식이 아주 많은 흰색의 배우자를 만나면 좋다.

청홍녹---

음이 모두 빠져 있다. 표현형은 흰색이다. 이성적이며 열정이 있고 정의롭다. 명예는 높지만, 재물복은 적은 청렴한 선비 상이다. 부모복이 있다. 재물복이 아주 많은 검은색의 배우자를 만나면 좋다.

청홍녹청-황

음에서 홍이 빠져 있다. 표현형은 녹색이다. 이성적이며 열정이 있고 정의롭다. 지식이 아주 많고 체력이 강하다. 명예는 아주 높고, 재물복도 많다. 부모복이 아주 많다. 열정적인 자주색의 배우자를 만나면 좋다.

청-녹청홍황

양에서 홍이 빠져 있다. 표현형은 청록색이다. 이성적이고 정의롭다. 지식이 많으며 사교적이고 체력이 강하다. 명예가 많고, 재물복이 아주 많다. 부모복이 아주 많다. 지식이 있는 빨간색의 배우자를 만나면 좋다.

---청--

양에서 모두 빠져 있고 음에서 청이 있다. 표현형은 파란색이다. 명예는 없고, 재물복이 있다. 부모복이 없다. 지식이 아주 많고 재물복이 많은 주황색의 배우자를 만나면 좋다.

--녹---

양에서 녹이 있고 음이 모두 빠져 있다. 표현형은 녹색이다. 정의롭다. 명예는 있으나 재물복이 없다. 부모복이 없다. 지식이 많고 재물복이 아주 많은 자주색의 배우자를 만나면 좋다.

-홍녹--황

양은 홍, 녹이 음은 황이 있다. 표현형은 노란색이다. 열정이 있고 정의롭다. 지식이 많고 체력이 강하다. 명예가 높고, 재물복이 있다. 부모복이 있다. 현명하고 재복이 있는 남색의 배우자를 만나면 좋다.

청--청홍-

양에서 청이 음에서 청, 홍이 있다. 표현형은 남색이다. 이성적이다. 지식이 있고 사교적이다. 명예가 있고, 재물복이 많다. 지식이 많고 재물복이 있는 노란색의 배우자를 만나면 좋다.

----홍황

양에서 모두 빠져 있고 음에서 홍, 황이 있다. 표현형은 주황색이다. 사교적이고 체력이 있다. 명예는 없고, 재물복이 많다. 부모복이 적다. 지식이 아주 많고 재물복이 있는 파란색의 배우자를 만나면 좋다.

청홍----

양에서 홍, 청이 있다. 표현형은 보라색이다. 이성적이고 열정적이다. 지식이 많다. 명예가 있고, 재물복이 없다. 부모복이 적다. 재물복이 아주 많은 연두색을 만나면 좋다.

청-녹--황

양에서 홍이 빠져 있고, 음에서 황이 있다. 표현형은 풀색이다. 이성적이고 정의롭다. 지식이 많으며 체력이 강하다. 명예가 많고, 재물복이 있다. 지식이 있고 재물복이 많은 붉은 보라색의 배우자를 만나면 좋다.

청--청-황

양에서 청이 음에서 청, 황이 있다. 표현형은 청록색이다. 이성적이다. 지식이 있고 체력이 있다. 명예가 있고, 재물복이 많다. 부모복이 있다. 지식이 많고, 재물복이 있는 빨간색의 배우자를 만나면 좋다.

청-----

양에서 청이 있고 음에서 모두 빠져 있다. 표현형은 파란색이다. 이성적이고 지식이 있다. 명예는 있지만, 재물복이 없다. 부모복이 없다. 지식이 많고 재물복이 아주 많은 주황색의 배우자를 만나면 좋다.

-----황

양에서 모두 빠져 있고 음에서 황이 있다. 표현형은 노란색이다. 체력이 있다. 명예는 없고, 재물복이 있다. 부모복이 없다. 지식이 아주 많고 재물복이 많은 남색의 배우자를 만나면 좋다.

청홍녹--황

음에서 홍, 청이 빠져 있다. 표현형은 노란색이다. 이성적이고 열정이 있으며 정의롭다. 지식이 아주 많고 체력이 강하다. 명예는 높고, 재물복도 있다. 부모복이 많다. 재물복이 많은 남색의 배우자를 만나면 좋다.

청--청홍황

양에서 홍, 녹이 빠져 있다. 표현형은 파란색이다. 이성적이다. 지식이 있고 사교적이며 체력이 있다. 명예가 있고, 재물복이 아주 많다. 부모복이 많다. 지식이 많은 주황색의 배우자를 만나면 좋다.

청----황

양에서 청이 음에서 황이 있다. 표현형은 녹색이다. 이성적이다. 지식이 있고 체력이 있다. 명예와 재물복이 있다. 부모복이 적다. 지식과 재물복이 많은 자주색의 배우자를 만나면 좋다.

-홍녹청홍-

양에서 청이 음에서 황이 빠져 있다. 표현형은 빨간색이다. 열정이 있고 정의롭다. 지식이 많고 사교적이다. 명예도 높고, 재물복도 많다. 부모복이 많다. 정의의 화신인 청록색의 배우자를 만나면 좋다.

-홍--홍-

양에서 홍이 음에서 홍이 있다. 표현형은 빨간색이다. 열정적이고 지식이 있으며 사교적이다. 명예와 재물복이 있다. 부모복이 적다. 재물복이 많은 청록색의 배우자를 만나면 좋다.

청-녹청-황

양에서 홍이 음에서 홍이 빠져 있다. 표현형은 녹색이다. 이성적이고 정의롭다. 지식이 많고 체력이 강하다. 명예와 재물복이 많다. 부모복이 많다. 지식과 재물복이 있는 자주색의 배우자를 만나면 좋다.

-홍녹청--

양은 홍, 녹이 음은 청이 있다. 표현형은 녹색이다. 열정이 있고 정의롭다. 지식이 많다. 명예가 있고, 재물복이 있다. 현명하고 재복이 많은 자주색의 배우자를 만나면 좋다.

--녹청홍-

양에서 녹이 있고, 음에서 황이 빠져 있다. 표현형은 파란색이다. 정의롭고 지식이 있으며 사교적이다. 명예가 있고, 재물복이 많다. 부모복이 있다. 지식이 많고, 재물복이 있는 주황색의 배우자를 만나면 좋다.

청홍녹청--

음에서 홍, 황이 빠져 있다. 표현형은 감청색이다. 이성적이고 열정이 있으며 정의롭다. 지식이 아주 많다. 명예는 아주 높고, 재물복이 있다. 부모복이 많다. 재물복이 많은 귤색의 배우자를 만나면 좋다.

--녹청홍황

양에서 청, 홍이 빠져 있다. 표현형은 녹색이다. 정의롭다. 지식이 있으며, 사교적이고 체력이 강하다. 명예가 있고, 재물복이 아주 많다. 부모복이 많다. 지식이 많은 자주색의 배우자를 만나면 좋다.

청-녹---

양에서 홍이 빠져 있고 음이 모두 빠져 있다. 표현형은 청록색이다. 이성적이고 정의롭다. 지식이 많다. 명예가 많고, 재물복이 없다. 부모복이 적다. 지식이 있고 재물복이 아주 많은 빨간색의 배우자를 만나면 좋다.

---청-황

양에서 모두 빠져 있고 음에서 청, 황이 있다. 표현형은 녹색이다. 체력이 있다. 명예는 없고, 재물복이 많다. 부모복이 적다. 지식이 아주 많고 재물복이 있는 자주색의 배우자를 만나면 좋다.

청홍-청-황

양에서 녹이 음에서 홍이 빠져 있다. 표현형은 파란색이다. 이성적이고 열정적이다. 지식이 많으며, 체력이 있다. 명예가 높고, 재물복이 많다. 부모복이 많다. 의리 있고 정의로운 주황색의 배우자를 만나면 좋다.

청-녹-홍황

양에서 홍이 음에서 청이 빠져 있다. 표현형은 연두색이다. 이성적이고 지식이 많고 정의롭다. 사교적이며 체력이 강하다. 명예가 많고, 재물복이 많다. 부모복이 많다. 지식과 재물복이 있는 보라색의 배우자를 만나면 좋다.

-홍-청--

양에서 홍이 음에서 청이 있다. 표현형은 보라색이다. 열정적이고 지식이 있다. 명예가 있고, 재물복이 있다. 부모복이 적다. 지식이 많고 재물복이 많은 연두색의 배우자를 만나면 좋다.

--녹-홍-

양에는 녹이 음에는 홍이 있다. 표현형은 노란색이다. 지식이 있으며 정의롭고 사교적이다. 명예와 재물복이 있다. 부모복이 적다. 지식이 많고, 재물복이 많은 남색의 배우자를 만나면 좋다.

청---홍황

양에서 청이 있고 음에서 홍, 황이 있다. 표현형은 검은색이다. 이성적이다. 사교적이고 지식이 있으며 체력이 있다. 명예가 있고, 재물복이 많다. 지식이 많고 재물복이 있는 흰색의 배우자를 만나면 좋다.

청홍---황

양에서 홍, 청이 음에서 황이 있다. 표현형은 빨간색이다. 이성적이고 지식이 많으며 열정적이다. 체력이 있다. 명예가 있고, 재물복이 적다. 부모복이 있다. 규칙을 잘 지키고 재물복이 많은 청록색의 배우자를 만나면 좋다.

-홍녹청홍황

양에서 청이 빠져 있다. 표현형은 노란색이다. 열정적이고 정의롭다. 지식이 많고 사교적이며, 체력이 강하다. 명예도 높고, 재물복이 아주 많다. 부모복이 아주 많다. 현명한 남색의 배우자를 만나면 좋다.

청홍녹청홍-

음에서 황이 하나 빠져 있다. 표현형은 보라색이다. 이성적이고 열정적이며 정의롭다. 지식이 아주 많고 사교적이다. 명예는 아주 높고, 재물복도 많다. 부모복이 아주 많다. 의리있는 연두색의 배우자를 만나면 좋다.

-홍녹---

양에 홍, 녹이 있다. 표현형은 노란색이다. 열정적이고 지식이 많고 정의롭다. 명예가 있고, 재물복은 적다. 부모복이 적다. 현명하고 재복이 아주 많은 남색의 배우자를 만나면 좋다.

---청홍-

양에서 모두 빠져 있고 음에서 청, 홍이 있다. 표현형은 보라색이다. 사교적이다. 명예는 없고, 재물복이 많다. 부모복이 없다. 지식이 아주 많고 재물복이 있는 연두색의 배우자를 만나면 좋다.

-홍녹-홍-

양에서 청이 음에서 황, 청이 빠져 있다. 표현형은 주황색이다. 지식이 많고 열정적이다. 정의로우며 사교적이다. 명예가 높고, 재물복이 있다. 부모복이 있다. 재물복이 많은 파란색의 배우자를 만나면 좋다.

-홍-청홍-

양에서 홍이 음에서 홍, 청이 있다. 표현형은 자주색이다. 열정적이고 지식이 있으며, 사교적이다. 명예가 있고, 재물복이 많다. 부모복이 있다. 지식이 많은 녹색의 배우자를 만나면 좋다.

-홍녹청-황

양에서 청이 음에서 홍이 빠져 있다. 표현형은 연두색이다. 열정적이고 정의로우며 지식이 많고 체력이 강하다. 명예가 높고, 재물복이 많다. 부모복이 많다. 정숙한 보라색의 배우자를 만나면 좋다.

청-녹청홍-

양에서 홍이 음에서 황이 빠져 있다. 표현형은 감청색이다. 이성적이고 정의롭다. 지식이 많으며 사교적이다. 명예가 많고, 재물복이 많다. 부모복이 많다. 지식과 재물복이 있는 귤색의 배우자를 만나면 좋다.

--녹--황

양에서 녹이 음에서 황이 있다. 표현형은 연두색이다. 정의롭고 지식이 있으며 체력이 있다. 명예와 재물복이 있다. 부모복이 적다. 지식과 재물복이 많은 보라색의 배우자를 만나면 좋다.

청--청--

양에서 청이 음에서 청이 있다. 표현형은 파란색이다. 이성적이고 지식이 있다. 명예와 재물복이 있다. 부모복이 적다. 지식과 재물복이 많은 주황색의 배우자를 만나면 좋다.

청홍-청--

양에서 홍, 청이 음에서 청이 있다. 표현형은 남색이다. 이성적이고 열정적이며 지식이 많다. 명예가 있고, 재물복이 적다. 부모복이 있다. 정의롭고 재물복이 많은 노란색의 배우자를 만나면 좋다.

--녹-홍황

양에서 녹이 있고 음에서 청이 빠져 있다. 표현형은 노란 연두색이다. 정의롭고 지식이 있다. 사교적이며 체력이 강하다. 명예가 있고, 재물복이 많다. 부모복이 있다. 지식이 많고 재물복이 있는 남 보라색의 배우자를 만나면 좋다.

--녹청-황

양에서 녹이 음에서 청, 황이 있다. 표현형은 녹색이다. 정의롭고 지식이 있으며, 체력이 강하다. 명예와 재물복이 있다. 부모복이 있다. 재물복이 있는 자주색의 배우자를 만나면 좋다.

청-녹청--

양에서 홍이 빠져 있고, 음에서 청이 있다. 표현형은 바다색이다. 이성적이며 정의롭고 지식이 많다. 명예가 많고, 재물복이 있다. 지식이 있고 재물복이 많은 다홍색의 배우자를 만나면 좋다.

청홍-청홍-

양에서 녹이 음에서 황이 빠져 있다. 표현형은 보라색이다. 이성적이며 열정적이다. 지식이 많으며, 사교적이다. 명예는 높고, 재물복도 많다. 부모복이 많다. 연애에 소극적인 연두색의 배우자를 적극적으로 만나면 좋다.

-홍녹-홍황

양에서 청이 음에서 청이 빠져 있다. 표현형은 귤색이다. 열정적이고 정의로우며 지식이 많다. 사교적이고 체력이 강하다. 명예도 높고, 재물복도 많다. 부모복이 많다. 현명한 바다색의 배우자를 만나면 좋다.

청홍--홍-

양에서 홍, 청이 음에서 홍이 있다. 표현형은 자주색이다. 이성적이며 열정적이고 사교적이다. 지식이 많다. 명예가 있고, 재물복이 적다. 부모복이 있다. 바른 생활을 하는 재물복이 많은 녹색의 배우자를 만나면 좋다.

-홍--홍황

양에서 녹이 음에서 홍, 황이 있다. 표현형은 다홍색이다. 열정이 있고 지식이 있다. 사교적이며 체력이 있다. 명예가 적고, 재물복이 있다. 부모복이 있다. 지식이 많아 현명한 바다색의 배우자를 만나면 좋다.

청홍--홍황

양에서 녹이 음에서 청이 빠져 있다. 표현형은 연지색이다. 이성적이고 열정이 있으며, 지식이 많다. 사교적이고 체력이 있다. 명예는 높고, 재물복도 많다. 현명하고 논리 정연한 초록색의 배우자를 만나면 좋다.

--녹청--

양에서 녹이 음에서 청이 있다. 표현형은 청록색이다. 정의롭고 지식이 있다. 명예와 재물복이 있다. 부모복이 적다. 지식과 재물복이 많은 빨간색의 배우자를 만나면 좋다.

-홍-청-황

양에서 홍이 음에서 황, 청이 있다. 표현형은 노란색이다. 열정이 있고 지식이 있으며, 체력이 있다. 명예가 있고, 재물복이 많다. 지식이 많거나 재물복이 있는 남색의 배우자를 만나면 좋다.

청-녹-홍-

양에서 홍이 빠져 있고 음에서 홍이 있다. 표현형은 흰색이다. 이성적이고 정의로우며, 지식이 많다. 사교적이다. 명예가 많고, 재물복이 있다. 부모복이 있다. 지식이 있고 재물복이 많은 검은색의 배우자를 만나면 좋다.

색채로 풀어가는 **성격과 갈등**

발행일 | 1판1쇄 2015년 10월 15일

저자 | 김성진
발행인 | 이병덕
발행처 | 도서출판 꾸벅
등록날짜 | 2001년 11월 20일
등록번호 | 제 8-349호
주소 | 경기도 고양시 일산서구 강선로 49 일산비스타 913호
전화 | 031)908-9152
팩스 | 031)908-9153

ISBN | 978-89-90636-76-8 03180